다시, 꽃값

다시, 꽃값

글 | 이정원   그림 | 이동현

책을 내며

다시, 꽃값

 언제부턴가 왜 '꽃' 자만 쓰려고 하면 겁이 나는 걸까요. 다른 글자는 무난히 써나가다가도 '꽃' 자 앞에서는 나도 모르게 손가락이 떨려 기어이 틀리고만 기억, 그게 쌓인 까닭일까요. 틀리지 말아야지 하면 할수록 받침에 가서라도 획이 이상하게 나가서 원고지나 편지지를 버린 게 얼마나 여러 번인지 몰라요.

 하긴 왜인지 모르겠다는 말을 하기는 했지만, 나 스스로는 그 이유를 알고도 남음이 있지요. 꽃 이야기가 들어간 수필을 써온 게 오십 년 가까워 오니, 꽃은 이미 애착의 대상이 아닌 때론 두려움의 대상이 되어 가숨을 누르기도 하니까요.

 그리된 게 처음부터의 계획은 결코 아니었어요. 꽃에 담긴 전설에 매료되어 있던 때였나요.―물론 그것도 꽃을 주의 깊게 바라본 누군가의 상상력에서 비롯된 것이겠지만―그 사연이 유난히 슬프다는 걸 알게 됐어요. 그 사연들로 하여 꽃이 아름다워지는 게 아닐까 하는 생각에 이르자, 사람 살아가는 이야기를 함께 담고 싶어지더군요.

 어쩌면 우리 모두는 꽃들 못지않은 아픈 사연 속에서 삶의 아름다움을 피워가는, 꽃보다 더 절절한 존재들인지도 모르니까요. 꽃을 좋아하고 그래서 그 품은 이야기에 빠져들다가 사람살이에까지 연결을 시키다 보니, 꽃이 들어간 글이 모이기 시작한 거지요.

 게다가 내가 태어난 사월엔 유난히 꽃이 많이 피어나는 까닭에 뒤늦은 필연으로까지 받아들이게 되자, 아예 편집증 수준이 되어갈 밖에요. 거기에 더해 남들이 꽃 이야기를 다루는 사람으로 기억하게 된 후로는 물러설 수 없는 고집이 되었고요.

"그래, 차라리 꽃 수필을, 터져 나오듯이 꽃이 피어나는 달에 태어난 내 삶의 작업으로 여기자꾸나. 모자라는 말로 그려내느라 저희들 얼굴을 엉망으로 만들어 놓았다고 종당에는 꽃들의 지옥에 끌려가는 경우가 생기더라도."

돌아보면 꽃 수필은 글이 아니라 곧 내 삶이었어요. 눈부신 햇살처럼 쏟아져 내리던 한순간의 환희와 때로는 저린 가슴을 안고 혼자 흘려야 했던 핏방울보다 진한 눈물. 그러기에 한번 글에 담겨진 꽃은 더 이상 눈으로 바라볼 필요가 없었지요. 써내는 사이 그건 이미 나의 일부분이 되어갔으니까요.

그러면서 품게 된 야무진 소망이 있었다면, 아직도 눈으로 바라보고 있는 숱한 꽃들을 몽땅 마음 안에 받아들여 눈을 감고 바라보고 싶다는 것. 그러기 위해선 새로운 꽃을 만나고 쓰는 일보다 사는 데 훨씬 정성을 들여야 한다는 사실도 함께 말이에요.

거기다 우리의 다양한 삶을 여러 가지 꽃에 비유한 조선 시대의 가객 노가재 김수장의 꽃 사설시조를 대하면서는 다른 깨달음을 얻을 수 있었어요. 애써 발견한 꽃의 특성과 수시로 맞닥뜨리게 되는 삶의 일면을 연결시켜온, 남들이 뭐라고 하건 내게는 더할 수 없는 뿌듯함을 안겨준 그 작업이 나만의 것이 아니었다는 사실을 알게 되었으니까요.

의인화된 열두 종류의 꽃이 초장부터 종장까지 나열되어 있는 그 사설시조를 통해 나와 같은 착상을 한 이가 이미 오래전에 있었다는 것. 삶이란 아무리 긴 세월이 흘러도 결국은 거기서 거기이기에, 엄밀한 의미의 독창성이란 존재하지 않는다는 걸 인식하게 된 것이기도 했지요.

꽃을 향한 나의 눈이, 삼백 년 전에 살았던 가인의 눈을 닮은 것에 불과했다는 걸 알게 한 그 꽃 사설시조 탓일까요. 얼마 전부터는 꽃 이야기가 들어간 수필에 제목을 달기가 싫어졌어요. 그 이름이라는 것도 실은 사람이 붙인 것이니, 그들 속에 담긴 치열한 목숨값을 읽어낼 수만 있다면 하는 결론에 이르렀기 때문인지도 모르겠어요.

어느 날 뜬금없이 그동안 내가 사들인 꽃의 값은 얼마나 될까를 헤아리다 보니, 그건 단순한 꽃값이 아니라 나와 누군가를 위해 쓴 마음 값이었다는 걸 알게 되더군요. 마음이 가지 않는데 다른 것도 아닌 꽃을 사서 건넸을 리는 만무하니까요.

그러고 보니 쓰다가 틀리는 글자가 '꽃' 자에 이어 하나가 늘어날 것 같은 생각이 드네요. 꽃에 너무 매달리다가 그 글자 대하기가 두려워졌는데, 이제는 '값' 자까지 그리되게 생겼으니까요. 하지만 어쩌겠어요, 틀리면 다시 쓰기를 반복하면서라도 안고 갈 밖에요.

『꽃값』에 이어 『다시, 꽃값』에도 그림 그려준 아들, 부족한 글에 귀한 값을 더해준 김종회 님과 꽃과 같은 정성으로 책 만들어준 은영 님에게 진한 고마움을 전해요. 하늘 정원에서 응원해 줄 조경가 남편에게도 물론 ―처음 꽃이야기를 쓸 때 도움을 준 그 사람의 책들은 지금도 내 책꽂이의 많은 부분을 차지하고 있지요.

꽃과는 전혀 닮지 않은 모자람 많은 나를, 그럼에도

여전히 곁에 머물게 해주는 지인들에게도 감사의 인사를 전해요. 그와 더불어 어스름 저녁 하늘에 남길 수 있는 말은 이뿐이군요.

"꽃이 그 값을 다하기 위해
성의있게 피었다 지듯이,
나도 목숨값은 하고 가야겠지요.
그게 지금껏 써온
글값이기도 할 테니까요."

시계꽃 도시에서

이정원

차례

책을 내며 4
다시, 꽃값

꽃값 Ⅰ

꽃값 하나 15

꽃값 둘 21

꽃값 셋 26

꽃값 넷 31

꽃값 다섯 37

꽃값 여섯 43

꽃값 일곱 49

꽃값 여덟 55

꽃값 아홉 60

꽃값 열 66

꽃값 Ⅱ

꽃값 열하나	75
꽃값 열둘	81
꽃값 열셋	87
꽃값 열넷	93
꽃값 열다섯	99
꽃값 열여섯	104
꽃값 열일곱	110
꽃값 열여덟	115
꽃값 열아홉	121
꽃값 스물	127

꽃값 Ⅲ

꽃값 스물하나 135

꽃값 스물둘 141

꽃값 스물셋 147

꽃값 스물넷 152

꽃값 스물다섯 158

꽃값 스물여섯 164

꽃값 스물일곱 170

꽃값 스물여덟 176

꽃값 스물아홉 182

꽃값 서른 188

읽는 이를 위하여 194
꽃과 삶, 그 치열한 만남

꽃값 Ⅰ

꽃값 하나

 지금 부활 전야 미사에서 아들이 트럼펫을 연주하고 있네요. 이층 성가대석에서 울려 퍼지는 소리를 아래층 신자석에 앉아 듣고 있노라니 저절로 눈물이 나는군요. 흐르는 눈물을 주체하기 힘들어 미사보 안으로 더욱 얼굴을 감춰요.

 이 년 전, 얼마나 처연한 마음을 안고 둘이 찾아왔던 수리산 자락의 성당이었는지요. 새 거처로 정한 아파트에서 길을 더듬어 꽤나 길게 이어진 언덕길을 넘어 도달했을 때, 그를 보내면서부터 시작된 슬픈 여정의 안식처를 얻은 것 같아 기뻤어요.

연한 붉은색 벽돌로 지어진 성당은 아담했지만, 스테인드글라스의 장미창이 있는 로마네스크 양식이라 부드러우면서도 우아한 아름다움이 깃들어 있었어요. 나무로 된 벤치까지 놓여있는 뜰은 뒤쪽에 자리한 산 풍경과 어우러져 한갓진 오후의 정취를 담고 있었고요.

온유한 느낌의 성당을 만났구나 하는 안도감이 그대로 옮겨 오기라도 한 듯, 잔뜩 긴장하며 시작한 낯선 곳에서의 생활은 예상보다 무난하게 이어졌어요. 무엇보다 힘이 됐던 건, 산란한 바람이 이는 날이면 양쪽으로 줄지어 선 나무의 가지가 맞닿아 하늘인 양 드리워진 언덕길을 걸어 성당에 이를 수 있다는 사실이었지요.

제대의 위쪽 면 전체를 차지한—둥근 스테인드글라스를 배경으로 하고 매달려 계신 예수님 상 뒤로는, 나무들의 새잎 돋는 풍경과 벚꽃 만발하고 비 내려 단풍 드는 풍경과 눈 쌓여 바람에 날리는 풍경이 번갈아 가며 펼쳐져 마음의 계절을 표현해주는 덕에 그냥 앉아서 바라만 보아도 기도가 되곤 했어요.

게다가 아래쪽 한켠에 두 손 모으고 서 계신 푸른 너울의 성모님은 기도조차 할 수 없는 가슴이 되는 날에도 손에 든 묵주알을 돌려주고 계셨지요. 누군가가 나보다 더 절실한 마음으로 나의 기도를 대신해 준다는 것만큼 위안이 되는 일도 없지 않나요.

한데 건성으로만 향하던 예전 성당의 기억 위에, 어디서도 구해지지 않던 그러한 손길이 있어 수시로 마음 향하게 하는 기억을 더하게 만든 성당에서 아들이 나팔 소리로 봉헌을 하게 되다니요. 군악대에서 불던 트럼펫을 메고 나오며 성가대 단장을 만나봐야겠다는 말을 꺼낸 건 지난 겨울이었어요.

그리고는 얼마 안 있어 합창 소리와 어우러진 〈주 찬미하라〉를 연주하더니, 또 얼마 있다가는 〈순례자의 합창〉이라는 곡을 연주하더군요. 그 곡을 들으며 눈물이 났던 건 유난히 힘겨워했던 아들의 고교 시절이 생각나서였지요. 무얼 어찌 거들어 주어야 할지도 가늠이 되지 않아, 어둠의 방에서 그저 함께 머물러 주기만 하며 지낸 시간들이었거든요.

대학 일학년까지 계속된 우울은 이학년이 되면서 거두어지기 시작해, 나중에는 제 스스로도 그때는 왜 그랬는지 모르겠다고 할 정도로 바뀌었지요. 그리고는 트럼펫을 익혀 군악대에 가면서는 활기를 띤 모습을 지니게 되었고요.

하지만 기쁨은 항상 절정에 달했을 때 그 잔인한 가지치기가 뒤따른다고 하더니, 대비를 할 겨를도 없이 갑작스레 아비를 잃고 슬픔에 겨운 눈빛밖에는 지닌 게 없는 발걸음으로 낯선 곳의 이 성당을 찾아온 거였는데. 부활의 새벽빛이 저 멀리 비쳐오기 시작하는 오늘 미사에서 마침 〈시온의 빛나는 아침〉을 연주하고 있으니, 성당 안을 울리는 우렁우렁한 그 소리에 어찌 어미의 눈이 눈물로 젖지 않겠어요. 아들을 낳았을 때 쓴 「해산」이라는 시가 그 눈물을 통해 비로소 완성이 되기라도 하듯 가슴이 벅차오르며 목까지 메어 오는군요.

"아들아. 내가 부서지는 그 순간에 우람하게 들려온 네 울음은, 아주 짧은 그러나 찬란하게 내 삶을 비추며

날으는 축제의 나팔 소리였다. 그리고 그건 아무도 건너와 줄 수 없는 처절하도록 외로운 섬에서의 하루, 그 하루의 해일 끝에 얻은, 아름답기보다 오히려 강한 평화의 나팔 소리이기도 했었다."

그때 들었던 나팔 소리가 지금 등 뒤에서 울려 퍼지는 나팔 소리와 하나가 되고 있음을 느낀, 바로 그 순간에 떠오른 꽃이 엔젤 트럼펫. 관처럼 긴 초록색의 꽃 꼭지에 매달린 큼지막한 노란색 통꽃의 모양새가 트럼펫을 아래로 향하게 한 모양과 매우 닮았지요. 밤이면 활짝 피어 짙은 향을 내다가 아침이 오는 소리와 함께 그 향기를 거두는 까닭에, 트럼펫 중에서도 엔젤 트럼펫이라는 이름이 붙게 되었다지요.

알아차리지 못하는 날갯짓으로 다가와 잠든 가슴에 금빛 환희를 뿌려주고 가는 천사의 나팔처럼, 예수님을 잃은 슬픔을 견뎌내고 맞이하는 이 미사에서 울려 퍼지는 아들의 저 나팔 소리가―비록 짧은 시간일지언정 눈부시게 빛나는 아침 햇살을 맞이하는 기쁨을 우리 모

두의 마음에 전할 수 있었으면

　엔젤 트럼펫 그 꽃이 지닌 값처럼 어둠을 타고도 흐를 수 있는 강한 향기를 마음껏 뿜어주고, 더할 수 없이 가슴 뿌듯했던 밤의 꽃잎을 접는 조용한 발걸음으로 저 멀리서 새벽이 오고 있을 하늘을 바라보며 아들과 함께 돌아갈 수 있었으면 하는 바람이 생겨나는군요.

꽃값 둘

 "딸아. 오늘 저녁 너의 모습은 모처럼만에 나를 안심시키는구나. '상사화의 어머니'라고 나를 부른 너의 눈빛이 그 꽃빛깔만큼이나 곱구나. 네가 저만치서 다가올 때 눈에 또 차가운 서리꽃이 피어있지나 않은지, 가닥가닥 핏발이 서 있지나 않은지 내심 걱정이었단다. 그런 저녁이면 넌 늘 나의 맨발 위에 눈물을 쏟으며 매달리지 않았니.

 '어머니, 돌팔매로 뒤통수 날려버리고 싶은 사람 하나 있어요. 하지만, 그리하고 나면 제 뒤통수에도 돌이 날아올 테니 그게 두려워서 못해요. 어머니가 대신 어떻

게 좀 해주세요.'

그럴 때면 난 네게 기꺼이 말했었지. '그래. 네 억울함, 분함 내가 다 갚아줄 테니 너는 그저 내 치맛자락 뒤에 와서 쉬어라.' 하나, 나는 단 한 번도 너의 그 미운 사람에게 해코지한 적이 없단다.

다만, 네가 내 치맛자락 뒤에서 또는 내 너울 안에서 오히려 너를 해하고 말 그 분노와 질시를 스스로 삭일 때까지 기다리며 감싸준 것뿐이었지. 눈에 서리꽃이 피거나 핏발이 섰을 때 그래도 내게로 곧장 달려와 준 것을 다행스럽게 여기면서.

딸아. 너 아직 젊었을 때, 한 아이의 어머니라는 사실이 가슴 뿌듯한 기쁨이다가도 견디기 힘든 쓰라림으로 안겨 온다고 토로하던 시절. 한 생명을 맡았다는 엄숙한 의무 앞에선 차라리 숨을 거두고 싶다든가 하는 말조차도 감정의 사치에 불과한 거라며, 내게서 비탄에 잠긴 어머니의 모습만을 보려고 하지 않았니.

피에타―겸허한 마음이라는 뜻을 지닌 그 말은 십자가에서 내려진 예수를 안고 슬퍼하는 나의 모습을 표현한 그림이나 조각상에 붙여져, 비탄에 잠긴 어머니라는 뜻으로 쓰였지. 가시관을 쓰고 끌려간 아들은 끝내 십자가에 못 박혀 숨을 거두고, 그 시신을 끌어내려 무릎에 눕히고 내려다보는—처절한 슬픔에 눈물조차도 흘리지 못하는 나의 형상 앞에선, 어머니이기에 겪는다고 느껴온 너의 자잘한 괴로움들이 아예 할 말을 잃고 만다고 그래서 더욱 힘겹다고 수차례 고백했지.

그리고는 이어 그 고통을 통해 내가 천상 어머니의 자리에 올랐다는 사실. 나사렛 마을의 한 처녀가 하느님의 뜻을 따라 걸어야 했던 쓰라림의 길이 하늘에서는 지극히 아름다운 꽃길로 화했음을 깨달아, 「피에타의 꽃길」이라는 글을 내게 봉헌했던 기억이 나는구나.

한데 오늘, 네가 꼭 나 하늘로 올라간 나이가 되어 다시 앞에 선 저녁. 너는 비탄의 어머니 대신 상사화의 어머니라는 비유로 나를 부르는구나. 잎이 나왔다가 다 말라서 없어진 다음에야 꽃대가 올라와 화사한 분홍색 꽃을 피우기에, 잎과 꽃이 영영 만날 수 없음을 들어 상사화를 이별난초라고도 한다지.

나를 온전히 내어주고 순명하며 걸어갈 수밖에 없었던 길이었으니, 내가 세상 안에서의 무난한 행복과 끝내 만날 수 없었음은 지극히 당연한 일이었지. 그 꽃이 담고 있는 의미가 바로, 세속적인 것에 대한 집착을 버리지 않고는 영혼적인 것에서 오는 기쁨을 결코 누릴 수 없다는 준엄한 경계이기도 할 테니, 네 말대로 내가 상사화의 표상을 지닌 어머니가 되어도 좋겠다는 생각이 드는구나.

 딸아. 네 가슴 깊이 자리한 소망대로 너의 목숨꽃이 져야할 어스름 저녁이 오면 나 네 머리맡에서, '수시로 넘어져 무릎이 깨지면서도 내 뒤를 따라 어미의 길을 걷느라 애썼다. 그것만으로도 하느님께 내놓아야 할 목숨값은 충분하리니 이제 나와 함께 가자.' 하며 손잡아줄 테니 남은 날은 어느 바람에도 가슴 다치지 말거라. 그래도, 그래도 힘에 부치거든 지금껏 그래왔듯이 내 맨발 앞에 달려와 더운 눈물 쏟고, 내 치맛자락 뒤에 내 너울 안에 숨어 서리꽃과 핏발 다 잠재우고 오늘처럼 고운 눈빛으로 돌아가려무나."

오래전 성모의 밤에 낭독해드렸던 글이 떠오른 건 오늘 아들과 함께 찾아간 한적한 성당에서 상사화를 만났기 때문일까요. 미사를 마치고 나와 뜰에 있는 성모상 앞에서 고개를 숙이는데 아침에 내린 빗방울을 아직 꽃잎에 달고 있는 상사화가 눈에 들어오더군요. 그러자 눈물이 핑 돌며 자책감이 밀려오는 거였어요.

그때 드린 상사화의 비유가 진정으로 내 것이 되어오지 않은 날들이었구나. 그 꽃의 아프고 아름다운 의미를 결코 내 안에 받아들인 게 아니었구나. 다시금 깨닫게 된 상사화의 꽃값을 나의 것으로 만들기 위한 날들 또한 그리 길지는 않다는 사실에 별안간 초조함이 밀려오는 하루였어요.

꽃값 셋

내가 다닌 여고에는 해마다 이맘때면 흰빛과 분홍빛의 수련이 피어나던 연못이 있었어요. 그 꽃이 물 위로 이파리와 꽃대를 내밀어 피는 연꽃과 다르다는 걸 가르쳐준 이는 머리 희끗한 국어 선생님이었어요. 저녁이 되면 꽃잎을 오므려 잠을 자는 꽃이기에, 수련(水蓮)이 아닌 수련(睡蓮)이라는 걸 일러준 이 또한 그분이었고요.

"물 속도 물 밖도 아닌 수면에 그 자리를 정한 수련이야말로, 평상심(平常心)의 의미를 아는 꽃일 게다. 평상심이란 무엇을 꽉 그러쥐고 있지도, 탁 놓아버리지도 않은 보통 때 마음이다. 점심녘에 꽃잎을 펼쳤다가 어둑어둑해지면 하루를 접는 수련은 낮과 밤의 이치 또한 몸에 익힌 꽃일지 모른다."

그 말을 들으며 떠올린 게, 왜 생뚱맞게도 초등학교 시절 방학이면 어김없이 써가야 하던 그림일기였을까요. 별스러운 게 있어야 하루치를 완성하기가 수월한데, 매일 무슨 일이 그리 다르게 일어났겠어요. 억지로 만들어내는 것에도 지쳐서, 마지막 날 하루는 "오늘은 어제와 똑같았다."라고 했던 기억이 남아 있거든요.

그림일기를 쓰던 무렵이나 국어 선생님에게서 수련의 의미를 듣던 무렵엔, 특별한 일이 생기지 않고 지나가는 하루하루가 그저 답답하게만 여겨졌을 수도 있겠지요. 하나 지금은 평상시나 평소나 평일에 담긴 따분한 느낌보다는 일탈이나 파격이 지닌 색다른 느낌 쪽에 마음이 쏠리던 그때의 내가 오히려 신기할 지경이니. 나이가 들긴 들었나 봐요.

다구나 한 사람의 죽음을 예고 없이 선고받던 날의 기억을 안고부터는, 아무 일도 일어나지 않고 지나가는 조용한 일상에 얼마나 깊은 감사를 드리게 되었는지요.

내일도 오늘처럼만 하는 바람으로 쓰는 일기야말로, 물속도 물 밖도 아닌 물낯에 그 이파리와 꽃을 머물게 하는 수련의 평상심이 더할 나위 없이 귀하게 여겨지곤 했어요.

마른하늘에서 날벼락이 친다더니, 이십팔 년을 반려자라는 이름으로 함께해 온 이를 발병한 지 이십팔 일 만에 보내고 난 후에 드는 생각은 오로지 하나였어요. 우리에게 이어져 내려온 예법대로라면—왕릉에서 제를 올리던 그 사람 집안에서라면 더더욱 남은 세월 동안은 무색의 무명옷 입고 지내야 하겠으나 그리할 수는 없으니, 머리라도 잘라 그 대신으로 삼아야 하지 않을까.

게다가 선산 납골묘에 봉안하고 돌아온 뒤부터 시간이 갈수록 왜 그리 못 해준 것들만 가시풀처럼 돋아나 가슴을 찌르는지, 내 목숨을 잇기 위해 어쩔 수 없이 먹고 자야 하는 일들조차 너무 미안해 견디기가 힘들었어요.

장성했다고는 해도, 그리 빨리 잃을 거라 생각지도 못했던 아비를 잃고 홀 자식으로 남은 아들 역시 가슴이 미어지기는 매한가지였을 테니. 새벽에 일어나 머리를 잘라내는 어미를 따라, 일말의 주저함 없이 저도 머리를 밀었던 거겠지요.

자다 깨서 무심결에 머리로 손이 가면, '아, 그 사람이 없듯이 지금 내겐 머리카락이 없지.' 하며 선뜻 다가오던 시리디 시린 느낌과 이어 흐르던 눈물. 시간처럼 무서운 건 없다더니, 이제는 그 모든 걸 울먹임 없는 담담한 말투로 전하기까지 하네요.

재미난 건 말이에요, 몇 달이 지나면서 아들의 머리는 까맣게 자라 원래로 돌아갔는데 나는 흰 머리카락과 검은 머리카락이 섞여 잿빛이 되었다가 이제는 은색이 되어가고 있다는 사실. 그 머리가 주는 느낌이 강해 어디서 무얼 해도 남들보다 먼저 눈에 띄는 탓에, 머리를 밀며 품었던 무명초(無名草)의—이름이 없거나 그 존재가 드러나지 않는 풀을 뜻하는—바람이 완전히 무색해져 버린 느낌마저 들 정도가 되었다는 거지요.

건장했던 목숨이 그리 예고 없이 스러지는 걸 보며 내 목숨에도 뜻 두지 않으리라 마음먹어 무명초(無明草)

를—불가에서 헛된 망상에 사로잡혀 진리에 어두운 것의 상징으로 여기는 머리카락을 뜻하는—단결에 거두었던 건데. 무명초(無明草) 그리 잘라 소복의 예를 대신하고 그리움의 바람조차 멈춘 풀숲에서의 무명초(無名草) 삶을 원했던 건데.

본래 의도와는 전혀 다른 양상이 되고 말아 한 번 스친 사람도 '그 머리 하얀 여자' 하고 기억을 하는 예가 잦아지니. 그로 인해 누군가의 시선을 조금은 의식하게 되고, 그것이 일상의 긴장감이 되어 슬픔을 거두는 데 일조를 하게 된 거지요.

그러는 동안 아무 일도 일어나지 않아 잠잠한 평상심이 아니라 힘겨운 일을 이겨내려 안간힘을 쓰다가 그 고삐를 나 스스로 거머쥐고 조절할 수 있는 평상심을 얻게 되었다면, 그리고 그것이야말로 아주 중요한 평상심이라는 걸 비로소 알게 되었다면 그게 여고 시절부터 알아온 수련이 그 긴 시간 내게 전하려고 애쓴 꽃값은 아닐는지요.

꽃값 넷

 회색의 건물과 빨간 이층 버스의 색채 대비가 인상적인 도시―그가 『세계의 도시 조경 답사기』에서 그렇게 묘사한 런던에 도착한 건 하늘길을 간 지 거의 하루가 지나서였어요. 아홉 시간의 시차로 하여 시계는 떠난 날과 똑같은 날로 돌려졌지만요.

 워낙 흐린 날이 많고 수시로 비가 내리는 곳이라 우산부터 챙겼는데, 구름은 깔렸어도 의외로 푸른 하늘이었어요. 게다가 그 도시의 상징인 타워 브리지를 보러 가기 위해 나선 첫걸음에 시클라멘 그 꽃을 보게 될 줄은 몰랐어요.

도로 옆 화단의 둥치 큰 나무 밑에 여러 포기가 심어져 있었는데, 십일월 중순의 날씨에도 싱싱한 이파리와 더불어 꽃을 피우고 있다는 게 놀라웠어요. 화분에 심어 키우는 화초로만 알아온 터라, 맨땅에서 하양과 분홍과 진분홍의 꽃을 피운 모습이 더욱 그랬지요.

강물과 바닷물이 섞여 늘 흙탕물에 가깝다는, 그럼에도 그 나라 사람들이 그토록 사랑한다는 템즈 강변에 서 있는 다리는 크고 작은 고딕풍의 첨탑이 있어 성을 연상시켰어요. 석회암으로 지은 까닭에 눈비를 맞으면서 더욱 단단해져 누런색을 띠게 됐다는 국회의사당은 칠백 년 세월을 느끼게 하기에 충분했고요.

문득 한 장소에 대한 애정은 그곳의 풍경이 만드는 게 아니라, 그것을 대하는 사람들의 시선이 만들어내는 게 아닐까 하는 생각이 들더군요. 비가 오면 오는 대로 해가 나면 나는 대로 순응하며, 어딜 가나 잔디밭을 가꿔 그 푸름에서 활기를 찾는 모습은 그 넓이가 어마어마한 하이드 파크에서도 볼 수 있었지요.

빅토리아 여왕이 남편인 알버트 공에게 헌정했다는

예술의 전당과 금빛으로 빛나는 탑을 보노라니, 나는 나의 남편—갑작스럽게 떠나 가누기 힘든 슬픔을 안겨주기는 했으나, 뒤에 남은 나와 아들로 하여금 자기가 예전에 다녀간 나라를 이렇게 찾아오게끔 해준 알베르또에게 무엇을 해줄 수 있을까 싶더군요.

고속열차인 유로스타를 타고 두 시간 넘게 달려 도착한 파리는 아름다움을 위해 모든 걸 계획하는 도시다 웠어요. 바람이 심하게 부는 에펠탑 꼭대기에 올라 내려다보니 세느강 양쪽에 불로뉴 숲과 뱅센느 숲이 자리해 있고, 광장을 중심으로 뻗어나간 방사형 도로와 건물들이 어쩌면 그리도 구획정리가 잘 되어 있는지요.

내일을 위해 결코 오늘을 희생하지 않는다는 시민들 또한 도시 가꾸기에 대단한 자긍심을 지녔다더니, 샹젤리제 거리로 향하는 길에 본 건물의 베란다에는 진분홍 시클라멘이 핀 화분이 놓여있어 창밖 풍경을 아름답게 하는 데 일조하고 있더군요.

다음날 교외로 한참을 나가 닿은 베르사이유 궁전. 긴 벽면을 거울로 만들어 촛불 샹들리에의 빛이 반사되

게 했다는 거울의 방과 정원을 돌아보는 내내, 그의 목소리가 줄곧 뒤따라 다니는 듯했어요. 그곳만은 꼭 보여주고 싶다던 말이 떠올라서였겠지요.

고속열차 떼제베로 도착한 스위스 로잔역, 거기서 인터라켄으로 이동해 들어간 민속 식당에선 벌써 밝혀진 크리스마스 장식 등과 함께 요들송이 울려 퍼졌어요. 이튿날 알프스산의 한 봉우리인 융프라우를 향해 가는 산악 열차에서 바라본 풍경들은 시선을 어디에 두어도 그대로 그림엽서가 되고 남을 만했지요.

초록색 풀이 깔린 비탈을 오르는가 싶으면 골짜기 어디선가 길게 흘러내려 오는 하얀 물줄기, 이어 눈에 들어오기 시작하는 눈 쌓인 겹겹의 봉우리들. 바위를 뚫어서 낸 길까지 통과한 산악 열차가 통과한 곳엔 얼음 동굴 속 곰과 다람쥐 상까지 있어 재미를 더해주었어요. 전망대의 문을 밀고 나가 마주한, 눈썹까지 휘날리게 만드는 바람 속에 서 있는 날카로운 설산의 봉우리. 구름도 날려가고 있는 것 같은 하늘은 푸르다 못해 남빛으로 드리워져 있었어요. 두 팔을 펴고 눈밭에 누우니, 나 살아오면서 하늘에 이만큼 가까운 적이 있었나 싶어 눈물이 주르르 흐르더군요.

로마를 향해 간 이른 아침, 긴 시간을 기다려 입성한 —가장 작은 나라이면서 신앙적으로는 가장 큰 나라인 바티칸 시국의 성 베드로 성당. 베드로의 무덤 위에 세워진 성당의 돔 지붕은 사진으로 너무 익숙한 탓에 이미 와본 것 같은 착각마저 들었어요. '천국의 열쇠'를 상징하는 모양이라는 베드로 광장 또한 마찬가지였고요.

성당 안에 들어가 미켈란젤로의 피에타상을 대하노라니 원작품을 마주할 때 느껴지는 감동이 이런 거구나 싶었어요. 시스티나 예배당에서 올려다본 〈최후의 심판〉과 〈천지 창조〉 또한 그곳에 발을 들여놓은 사람 모두를 그런 감동으로 묶는 게 아닐까 하는 싶었어요.

그리고는 밖으로 나와 성당 건물의 모퉁이를 도는데, 근위병이 서 있는 계단의 난간 위에 놓인 길고 하얀 화분이 눈에 띄었지요. 그 화분에서 하양의 꽃을 피우고 있는 건 다름 아닌 시클라멘. 사랑을 위해 하느님의

명을 어겼던 선녀가 잘못을 뉘우치고 하늘로 가며 벗어 던진 날개옷이 꽃잎이 되어 피어났다는 그 꽃이었지요.

담겨진 이야기와 더불어, 봉오리일 때는 돌돌 말려 있던 꽃잎이 피어나면서 완전히 위를 향하는 모양새가 마치 하느님께 용서를 구하는 것 같은 자세로 다가오던 꽃을 그곳에서 대하니 갑자기 의미가 깊어지더군요.

"이 최고의 성전을 지탱하고 있는 건 다름 아닌 저 꽃, 눈에 잘 띄지 않은 곳에서 자기를 온전히 하느님께 바치는 모양으로 피어있는 키 작은 신심. 그게 바로 누구도 지니지 못하는 저 꽃의 값인지 모른다."

첫 도시 런던에서의 만남을 시작으로 내내 눈에 띄던 시클라멘이 바티칸에서 그렇게 만나짐으로 하여, 신앙적인 의미까지 더하게 될 줄은 전혀 예상치 못했으니. 그것이야말로 긴 여정에서 얻은 가장 빛나는 기쁨이 아니었을까요.

꽃값 다섯

 융프라우에서 마주한 하늘을 눈에 안고 밀라노에 도착한 것은 늦은 오후, 하얀 대리석의 두오모 성당을 먼저 볼 수 있었지요. 백 개가 넘는 첨탑과 이천 개가 넘는 조각상으로 이루어졌다는 성당의 중앙탑 꼭대기에는 황금색으로 빛나는 성모 마리아 상이 있어 시선을 놓아주지 않더군요.

 성당 앞 광장에 서서 올려다보고 또 올려다보는 동안 지는 햇빛 속으로 모습을 거두어가는 조각상들이 저마다 뭔가 이야기를 품고 있는 듯한 느낌이 들었어요. 사백오십 년에 걸쳐 완성이 되었다니, 조각상에 담긴 성서 속 의미는 물론 그 긴 건축 기간 동안 생겨난 사연 또한 얼마나 많았겠어요.

밀라노에서 묵고 난 아침은 안개로 시작이 되었지요. 차로 네 시간쯤 달렸을 때 그 모습을 드러내기 시작한 베니스는 사진으로 대할 때부터 늘 의문이었어요. 사백여 개의 다리와 수로를 통해서만 오간다는 사실이 잘 이해되지 않았거든요.

안개가 깔린 그곳에 닿아 처음 마주한 것 역시 마르코 성인의 무덤 위에 세워졌다는 산마르코 성당이었어요. 성서 속 장면을 색색으로 표현해낸 모자이크화가 성당 외벽은 물론 성당 안 벽면과 천장을 장식하고 있어 성서 미술관 같은 인상을 주었어요.

물의 골목길은 날렵하게 생긴 곤돌라를 타고서야 걸어볼 수 있었는데, 건물 아랫부분에 붙어있는 따개비와 굴 껍데기가 출렁이는 회청색 바닷물과 함께 어둡고 습한 느낌으로 다가왔어요. 배에서 내린 사람이 걸어 올랐을 계단은 이끼로 덮여 있고 쇠문은 굳게 닫힌 채로 녹슬어가고 있어 영화 속 장면을 연상하기엔 무리였지요.

 떠나는 뱃전에서 본, 건물 베란다 화분에 피어있는 다홍색 제라늄은 금방 비가 쏟아질 것 같으면서도 끝내 빗방울은 듣지 않았던 잿빛 날씨여서 더욱 인상적이었어요. 이어 찾아간 피렌체는 르네상스 문화를 꽃피운 도시답게, 온화하면서도 예술적인 바람이 안겨 오는 곳이었어요.

 다비드상이 서 있는 언덕, 미켈란젤로 광장에서 내려다본 도시의 지붕들은 어쩌면 그렇게 다 똑같이 붉은 벽돌의 색을 띠고 있는지. 마침 들기 시작한 나무의 단풍과도 어울려 밝고 부드러운 그 도시의 색을 완성하고 있는 것 같았지요.

 아무리 외진 곳에서도 그 일부분이 보인다고 할 만큼 거대한 두오모 성당의 돔 지붕은 꼭대기에 금박을 입힌 공과 십자가가 올려진 모습으로 피렌체의 상징이 되고 있다더군요. 도심을 흐르는 아르노강에 놓인 베키오 다리까지 한눈에 들어오는 풍경이 너무 평온해서 집 떠나 있음을 잊게 할 정도였어요.

바로 그때 꽃의 성모 마리아 성당, 그 돔 지붕 앞에 자리한 종탑에서 삼종 기도 시간을 알리는 종소리가 울리기 시작했어요. 그날이 마침내 축일이었으니 눈물이 핑 돈 건 당연했지요. 확연하다가도 금세 희미해져버려 늘 목마른 가슴이게 하던 성모님이 그 종소리를 통해, 오늘 여기에서처럼 늘 너와 함께 있었노라고 확인시켜주시는 듯했거든요.

광장에서 내려와 드디어 마주한 성당은 분홍색과 고동색과 청록색이 어우러진 벽면의 꽃잎 문양 창과 어디를 향해도 눈에 들어오는 조각상들로 하여, 그 자체가 하나의 예술 작품 같다는 말밖에는 달리 표현할 수가 없었어요. 안에 들어가서 본 꽃가지 모양의 촛대도 촛불 꽃이 만발한 꽃나무를 연상시킬 만큼 아름다웠고요.

베니스에서처럼 그 도시의 건물 베란다에도 다홍색 꽃을 피운 제라늄 화분이 놓여 있었어요. 여느 때보다 강하게 다가오는 선명한 느낌이 그곳에서 들은 성당 종소리의 울림과 같게 여겨졌던 건, 그게 가슴에 남은 그 꽃의 값이라는 뜻은 아니었을까요.

하이델베르크에서 반쪽만 남은 모습으로도 충분히 고성의 분위기에 젖게 하는 하이델베르크성을 돌아보고, 네카강을 따라 이어진 비에 젖은 길을 걷는 동안에도 걸이용 화분에 심어진 그 꽃은 줄곧 같은 느낌으로 따라왔으니까요.

마지막으로 들른 도시 프랑크푸르트에서 우연히 들어가게 된 성당이 신성로마제국 황제들의 즉위식이 열린, 성 바르톨로메오 대성당인 줄은 돌아와서야 알았어요. 비가 내리는 뢰머 광장을 걷고 있노라니 좀 떨어진 곳에 있는 종탑이 올려다보이더군요. 아들과 나는 누가 먼저랄 것도 없이 그쪽을 향해 빠른 걸음을 옮겼어요.

육중한 문을 밀고 들어간 성당의 벽면에는 놀랍게도, 성서 속 내용이 담긴—사실적이면서도 좀 무거운 느낌을 주는 색이 칠해진 부조상들로 채워져 있었어요. 십자가의 길과 피에타상, 성모님의 영면을 지켜보는 사도들의 슬픔이 표현된 작품과 성모님 승천의 광경을 묘사한 작품과 공중에 매달린 예수님의 상까지.

기도는 미룬 채 우선 눈길을 줄 수 있는 것만으로도

가슴이 뿌듯했어요. 그러다 일행이 기다린다는 생각에 쫓겨 우산도 펴지 못한 채 뛰기 시작했지요. 숨이 턱에 차서 말을 꺼내기조차 힘들었지만, 아들과 같은 생각을 주고받으면서요. 가장을 잃고 나서, 그 슬픔을 조금이나마 덜기 위해 떠난 여행이 정말 성지 순례길이 되었으니 이제는 힘을 내자고 말이에요.

꽃값 여섯

 열흘 가까이 이어진 일정 내내 기온이 내려가기만을 바란 겨울 여행이었다면 쉽게 이해가 가세요. 떠나기 전 이곳 날씨가 워낙 추운 데다, 동유럽 국가가 지닌 그동안의 폐쇄성이 추위에 대한 지레짐작을 하게 한 탓도 있었겠지요.

 떠날 채비를 하는 동안 이 정도는 가지고 가야 견딜 수 있을 거야를 반복하며 장갑과 목도리에 털모자가 달린 겉옷과 털신발까지 챙겨 넣었는데. 준비를 잘못했구나 하는 느낌은 열한 시간을 가서 도착한 체코의 프라하 하벨 공항에서부터 안겨 왔어요. 브루노라는 도시로 이동하기 위해 버스를 타려고 밖으로 나가자, 훅 하고 다가오는 공기가 도무지 겨울이 아니었거든요.

두 시간 반을 달려 도착한 호텔 앞에서는 여러 색깔의 선물 상자가 담긴 마차가 크리스마스 분위기를 내고 있었지만, 옆 화단에 쌓인 눈은 녹아서 잦아드는 중이었어요. 게다가 저녁으로 먹은 생선구이에 커피는 왜 또 안 나오는 건지. 방에는 인심 박하게 물밖에는 없어, 두꺼운 옷 대신 커피를 넣었어야 하는 건데 하는 후회가 밀려왔어요. 그나마 아침 식사 때는 커피를 마실 수 있어 기분이 한결 나아졌지만요.

다음날 폴란드의 크라코프로 이동해 점심을 먹기 위해 들어간 조그마한 식당에서였어요. 문에서 마주친 은발의 부인과는 웃음으로 인사를 나누며 손을 마주 잡을 만큼 여유가 생겨나 있었어요. 내 머리 또한 은발이니, 입의 언어는 달라도 살아오면서 체득한 마음의 언어가 연륜이라는 이름으로 통해서였겠지요. 그 부인이나 나 그간의 세월 속에서 겪어낸 일이야 비슷비슷할 테니 말이에요.

그리고서 찾아간 비엘리치카의 소금광산은 그야말로 소금의 바위가 만들어낸 지하 왕국이더군요. 수십 개의 계단을 통해 내려간 곳에 숱한 방이 있고, 방마다 그곳에서 일했던 광부들이 새긴 조각이 있다니. 눈으로 보면서도 믿기 힘든 광경들이 펼쳐졌어요.

아무리 만져 보아도 돌로만 여겨지는 소금으로 만들어진 샹들리에와 성모상과 폴란드 출신 교황의 인자한 미소까지 더해, 종교적인 감흥으로 가득 채워진 곳을 다녀갈 수 있음에 새삼 감사했어요. 돌아보는 내내 너무 후텁지근해서 외투는 줄곧 벗어서 안고 다니느라 거추장스러웠지요.

다시 크라코프 시내로 돌아왔을 때는 어둠이 내리기 시작했어요. 둥치 굵은 나무들 사이로 이어지는 공원 풍경이 마치 내가 영화 속 한 장면에 들어와 있는 듯한 착각에 빠지게 했지요. 옆에 세워진 성모 마리아 성당 안에서는 마침 크리스마스 직전이라 고백성사를 위한 줄이 길게 이어져 있었어요.

성당 주변 광장에는 갖가지 크리스마스 장식을 파는

시장이 서 있었고요. 자질구레한 장식품을 사서 정성스레 집안을 꾸미고 온 가족이 모여 크리스마스이브를 지내는 게 그들의 생활방식이라더니, 그 말이 실감날 만큼 많은 사람이 북적이더군요. 나도 다섯 색깔의 원석이 박힌 십자가 목걸이를 하나 사서 목에 걸었어요.

다음날 찾아간 오슈비엥침, 안네의 기억을 안고 들어선 아우슈비츠 수용소에서는 비가 내리는 오후임에도 불구하고 자꾸만 입안이 마르더군요. 말을 잇기가 어려운 게 아니라, 아예 말을 할 수가 없었다는 표현이 맞겠지요.

전체 스물여덟 동으로 되어 있는 그 붉은 벽돌 건물들, 희생자 박물관에 전시된 머리카락과 안경테와 의족과 옷가지와 가방들을 대하면서는 내가 그 고통 속으로 끌려들어가는 느낌마저 들었어요. 군데군데 얼룩이 남아 있는 가스실에서는 그래서 몸이 오그라드는 듯했고요.

그곳에서 좀 떨어진 곳에 있는, 아우슈비츠의 스무 배 크기라는 비르케나우 수용소의 열차 노선이 완전히 끝나는 부분. 그곳에 발길이 닿는 순간 강하게 든 생각이 무엇이었는지 아세요. 나치가 앗아간 건 유대인의 목숨이 아니라, 옷과 구두가 든 가방을 든 채 그 열차를 타고 도착한 그들의 삶의 의지라는 것. 살 수 있으리라는 소망을 실어 날라서는 열차에서 내리자마자 꺾어버린 건 그냥 목숨을 빼앗은 것보다 더 잔인한 일일지 모른다는 것.

그 처연한 느낌만으로 여행이 계속되었으면 견디지 못하고 돌아왔을지 모르겠지만, 안개 자욱한 길을 달리고 또 달려 도착한 슬로바키아 타트라산맥 근처의 산장은 켜져 있는 가로등 모양부터 동화적인 분위기에 흠뻑 빠져들게 했어요. 날씨는 여전히 푸근했지만, 주변에는 그래도 제법 눈이 쌓여 있어 모처럼 겨울 정취를 느끼게도 했고요.

벽난로 옆에서 포도주를 마신 저녁도 좋았지만, 더할 수 없이 아름다웠던 건 아들과 함께 근처 작은 성당에서 드린 성탄 자정 미사. 신부님부터 신자에 이르기까지 모두 코가 높은 사람들 사이에서 딱 우리 둘만이 끼어서 본 미사는 말은 달라도 기꺼이 소통이 되고 남는 시간이었어요.

〈고요한 밤 거룩한 밤〉 노래를 사절까지, 그들은 그들 말로 우리는 우리말로 불렀지만 눈물이 핑 도는 기쁨의 의미는 똑같이 받아들일 수 있었으니까요. 그러기에 옆자리의 부인과 서로 눈가를 훔치며 평화의 인사도 나눌 수 있었던 거겠지요.

제대 앞에 장식된 하얀 꽃잎의 포인세티아가—자잘한 꽃은 잎이 모인 가운데 있고 실은 하얀 잎이 꽃잎으로 보이는 거지만—늘 대해온 빨간 포인세티아보다 인상적이었던 건, 그곳까지 찾아가 미사를 드리는 마음이 전보다 훨씬 순명에 가까워졌기 때문이었을까요.

눈길을 걸으며 내가 이 여행을 하기 위해 지불한 값이 어쩌면, 저 꽃을 대하기 위한 값은 아니었을까 하는 생각마저 들더군요. 그 미사는 이미 지나간 날이나 남아 있는 날 안에서 가장 빛나는 크리스마스의 기억으로 자리 잡을 테니까요.

꽃값 일곱

 그곳에 그토록 가고 싶어 했던 건 그 아름다움을 만나기 위해서였을까요. 번성한 왕국의 사원을 짓기 위해 깎고 다듬어졌던 무수한 돌들이 이제는 돌무더기가 되어 원래의 모습으로 돌아가고 있는, 이를테면 무너지는 아름다움 말이에요.

 유난히 더웠던 여름, 아들과 내가 훨씬 더운 그곳으로 마음이 향한 건 삶을 지탱해 줄 무언가를 찾고 싶다는 바람이 강했기 때문이겠지요. 아들은 자기를 둘러싼 여태까지의 벽이 무너져 새로운 길을 찾아야 하는 벌판에서, 나는 하루하루 쇠락해가는 내면의 뜰에서 무얼 붙들고 끝까지 걸어야 하나 하는 문제에 직면해 있었거든요.

육백 년 넘게 이어진 앙코르 왕국 또는 크메르 제국으로 불리기도 하는 나라의 중심지였다는 캄보디아 시엠립을 향해 가는 비행기는 왜 저녁에만 뜨는 건지, 느리게만 진행되는 수속을 마치고 공항을 나와 숙소에 도착하자마자 잠을 청해야 했어요.

다음날 처음으로 향한 곳은 앙코르 왕조의 인드라바르만 1세가 자신과 힌두교의 시바신에게 바친 곳이라는 바꽁 사원이었어요. 들어가는 입구에 건물을 둘러싼 인공 호수인 해자가 있었는데, 건너는 다리가 배는 땅에 붙이고 몸통은 난간을 이룬 머리 일곱 개 달린 뱀의 모습으로 조성된 게 특이했어요.

피라미드 형태로 된 꼭대기의 연꽃 모양 중앙 성소에—신들의 산인 메루의 상징이기도 하다는—올라 내려다보니, 주변에 세워진 전탑과 보조 탑들의 무너진 형상이 사라져 버린 왕국의 잔해로 여겨져 더할 나위 없는 쓸쓸함이 밀려오더군요.

그러다 갑자기 쏟아지는 열대성 소나기 스콜의 빗줄기가 황토색 흙을 적시며 이내 도랑이 되어 흘러가는 바람에 후다닥 뛰어야 했어요. 결국 근처에 있는 쁘레야코 사원은 둘러보지 못한 채 반띠아이 스레이 사원으로 향했지요.

건축 기법과 조각 장식이 인도에 가까운 힌두 사원인 그곳은 '크메르 예술의 극치'로 일컬어진다더니, 그 말에 수긍이 가고 남았어요. 붉은 사암으로 이루어진 그 벽면에 새겨진 정교한 조각들은 도무지 돌에 새긴 것이라고 믿기 힘들 정도였으니까요.

다음날에야 드디어 앙코르 와트를 찾아갔지요. 수리아바르만 2세가 재위 기간인 삼십칠 년 동안에 건설해, 힌두교의 비쉬뉴 신에게 바쳤다는 그 사원에 대한 놀라움은 해자에 비친 물그림자를 대하면서부터 안겨 오기 시작했어요.

연신 감탄을 하며 지금 지어도 백 년은 걸린다는 그 건축물을 돌아보노라니, 로마에서 만났던 내가 가진 종교의 건축물과 이 건축물의 차이가 뭘까 하는 생각이 들어 머릿속에서 또 하나의 벽이 무너져 내리는 것 같았어요. 둘 다 보이지 않는 신을 향해 가고자 하는 인간의 갈망이 빚어낸 산물임에는 틀림이 없을 테니까요.

내부 회랑 벽면에는 천상의 무희인 압살라의 모습이 부조로 새겨져 있었는데, 그 무희의 화신이라고 여겨질 만한 존재를 미물계와 인간계를 거쳐 천상계를 오르는 계단에서 만나게 될 줄은 미처 몰랐어요. 가파른 돌계단 위에 덧대 만든 나무 계단을 오르다 눈길이 가닿은 돌무더기 위에 앉아 있는, 작은 솔방울 모양의 홍자색 꽃을 피운 천일홍 한 무리.

모양과 빛깔이 흐트러지지 않고 오랜 시간 유지되기에 천일홍이라는 이름이 붙은 그 꽃의 아름다움이 내리쬐는 햇빛 속에서 더욱 빛을 발하는 건, 무너진 왕국의 자취를 더듬게 하는 그 사원의 마지막 남은 생기이기 때문은 아니었을까요.

그리고서 찾아간 아름드리나무로 둘러싸인 따쁘롬 사원에서 비로소 오랫동안 그려온 아름다움을 만날 수 있었지요. 앙코르 왕조의 가장 위대한 왕이었다는 자야바

르만 7세가 어머니를 위해 세웠다는 그 사원이야말로, 스펑나무의 허연 뿌리가 물줄기처럼 흘러내려 무너지고 있는 돌벽과 기둥들을 움켜쥔 모양새였으니까요.

처음엔 그 나무가 사원을 무너뜨리는 데 일조를 했지만 시간이 흘러 눈앞에 보이는 형상이 되고 난 지금에 와서는, 나무를 걷어내면 그마저도 하루아침에 와르르 무너져버리고 말까 우려되어 빨리 자라지 못하도록 조치만 하고 있다더군요.

돌아오는 날 넓고도 넓은 똔레삽 호수에서 배를 타며, 수상촌 사람들의 생계유지 수단인 리엘이라는 물고기가 되어 그 황톳빛 물속으로 흔적 없이 사라져도 괜찮겠다는 생각을 한 건 무너지는 아름다움에 며칠 너무 빠져든 탓이었겠지요.

그런 내 눈에 띈 게 또 무엇인 줄 아세요. 잠든 아이가 그물침대 안에서 흔들거리는 유난히 허름한 지붕을 한 집 앞에 놓여있는 화분 하나. 그 화분에 피어있는 역시 홍자색 천일홍 한 무리를 보는 순간 의문이 생겨나더군요.

앙코르 와트의 끝 계단에 피어 무너진 왕국을 기리고 있는 마지막 생기로 여겨지던 그 꽃의 값과 빈한한 물 위 집 사람들의 결코 버리지 않은 소망처럼 피어있는 지금 저 꽃의 값 중 어느 것이 더 의미를 지니는 것일까 하고요.

무너지는 아름다움에 이미 맛들인 나는 앞쪽에, 그걸 선호하기엔 아직 먼 나이인 아들은 뒤쪽에 무게를 둠이 당연한 일이겠지요. 아니, 내가 그러기에도 너무 이른 게 아니냐고 당신이 나무랄지도 모르겠네요.

꽃값 여덟

 그 숲의 물가 쉼터 근처에서 만난 분홍 백합은 그 사람과 내 마음을 이어준 그날의 가교였을까요. 내가 그곳을 찾으리라는 걸 미리 알고 밤사이 활짝 피어 그 사람의 기억과 손잡게 한 임시 다리 같은 거 말이에요.

 나 지금은 서울 시민이 아니지만, 서울 동북부 지역 시민들에게 도심 속 자연을 느낄 수 있게 하기 위해 조성된 서울숲에 드니 다시금 서울 시민이 되기라도 한 듯 기뻤지요. 서울 시민일 때는 그 이름만으로도 나의 숲처럼 여겨져 가슴 뿌듯했거든요.

 입구에 있는 군마상은 임금의 사냥터였다가 상수원

수원지로, 다시 경마장으로 바뀌었다는 그곳의 전력을 전과 다름없이 짐작케 하더군요. 그 후 뚝섬 체육공원으로 이용되던 곳을 숲으로 조성하게 되었다던 그 사람의 목소리는 거기서부터 되살아났고요.

조경을 전공한 터라 공원에 함께 가면, 꽃을 보며 그저 예뻐라만 하는 내게 굳이 전문적인 지식을 일러주던 사람이었으니까요. 처음 만났을 때도 도시민에게 쉼터가 될 수 있는 공원의 요소가 무언지 생각해 본 적 있느냐고 물을 정도였지요. 그 사람과 이곳에 왔던 건 아들이 군대에 간 뒤, 허전함을 달래느라 여기저기 다닐 무렵이었어요.

앞쪽 광장과 거울 연못, 습지 생태원과 자연 체험 학습원, 갤러리 정원과 야생초 화원, 생태숲과 한강 주변 공원 등 다섯 개의 테마로 이루어진 서울숲에서 그 사람이 가장 마음에 들어 한 건 뚝섬 부근의 숲을 그대로 살려 조성한 생태숲이었어요.

나무줄기를 타고 오르내리는 다람쥐와 무늬가 예쁜 꽃사슴에게 먹이를 주면서는, 이런 즐거움을 안겨줄 수 있는 것이야말로 진정한 조경의 의미라고 얼마나 강조를 하든지요. 도심의 숲이 아닌 곳에서 동물을 만나 교감을 나누고 있는 듯한 느낌은 나도 같았어요.

물론 꽃이야기가 들어간 글을 쓰는 내게 더 와 닿은 건 갖가지 꽃들을 마음껏 만날 수 있는 갤러리 정원과 야생초 정원과 허브 정원이었지만요. 콘크리트 구조물 밑에서 피어난 꽃들 사이로 난 길을 따라 걷다 보니, 도심의 삭막함과 대비가 되는 노랑, 빨강, 보라 등의 색채와 코를 자극하는 향기를 이끌어내기 위해 애쓴 손길에 새삼 고마움이 느껴지더군요.

가장 높은 곳에 위치해 한강과 생태숲을 한눈에 내려다볼 수 있는 바람의 언덕. 그곳에서부터 서울숲의 공중을 가로지르며 한강 수변공원에까지 이어지는 다리, 그 긴 보행가교를 걷는 동안엔 바람이 어찌나 센지 모자가 날아갈 정도였지요.

앞서가며 사진을 찍어주던 사람이, 그 후로 일 년을 조금 넘기고 별안간 삶을 마감함으로 하여 서울 시민의 자격을 잃게 될 줄 그때는 짐작이나 했을까요. 그 사람이 하늘의 시민이 된 뒤 무엇에 쫓기기라도 하듯 서둘러 서울을 벗어난 곳으로 거처를 옮기면서, 그 사람과 살면서 가지게 되었던 서울 시민의 자격을 내놓았지요.

그런 일이 있은 지도 벌써 오 년째. 이제는 그 사람과 동행했던 곳에 가도 마음이 그저 잔바람이나 이는 풀밭일 거라 자신했는데, 아직은 아니었나 봐요. 문인들과의 모임이 있어 그 숲에 들기 전부터 가슴이 저려 오기 시작했으니까요. 아니, 그곳이 행선지로 정해졌다는 걸 알고 난 직후부터 그랬다는 표현이 오히려 맞겠네요.

마음이 그러니 숲해설가를 따라 걸으며 서울숲에서 자라는 나무에 대해 설명을 듣는 시간에도 아무렇지 않은 얼굴로 서 있기가 힘들더군요. 일행을 벗어나 숲속 놀이터가 있는 길로 들어선 건 그래서였는데, 조금 가니 물가의 쉼터가 나오고 그 옆에 꾸며진 화단에서 한껏 피어난 분홍빛 백합 한 무리를 만나게 될 줄은요.

탐스러운 꽃송이들을 보는 순간 눈물이 핑 돌았지요. 그건 그 사람이 우리가 함께 머물렀던 집 화단에 심어 가꾸던 화초였으니까요. 여름이 시작되는 이맘때면 굵고 곧게 올라온 줄기에서 얼마나 화사한 나팔 모양의 꽃을 여러 송이 피우곤 하든지, 꽃이 피어있는 내내 현관문 앞은 꽃등이 켜진 것 같았어요.

한참을 기억 속에 빠져 있다 어느새 내리기 시작한 가랑비에 눈을 드니, 머리 위를 지나고 있는 그 바람 심하던 보행가교가 보이더군요. 그 순간 스치는 생각이 뭐였는지 짐작하시겠어요. '이 분홍 백합이 오늘 내게는 마음의 가교이구나. 이 꽃이 이 자리에 피어있는 이유, 그게 바로 가장 귀한 이 꽃의 값이구나.'

마음은 어쩔 수 없이 서글픈 빛이었지만, 그래도 서울숲이 이렇게 건재해 그 숲의 나무와 꽃을 통해 목소리와 얼굴로는 만날 수 없는 사람을 만날 수 있었으니 오늘은 좋은 날이라고 해야겠네요. 사람은 떠났어도 함께 거닐었던 숲이 남아 있는 한 기억은 지워지지 않고 그대로 살아 있을 테니, 그것도 이 세상에서 찾을 수 있는 좋은 일이 아닐는지요.

꽃값 아홉

 맏딸인 내 입에서 "오늘 당신은 참 멋지군요." 하는 말이 탄성처럼 나온 게 왜 하필이면 이승에서의 당신 마지막 자리였을까요. 훈련복에 군화 차림이거나 정복에 모자를 쓴 당신 모습을 보며 멋지다고 느꼈던 기억은 당신이 퇴역을 하면서 끝이었지요.

 물론 그 후로도, 사람은 항상 일해야 한다는 당신의 신조대로 군대가 아닌 다른 일터에서도 열심이셨지만 멋지다고 느낀 적은 없어요. 일 년여 심해진 치매와 다리를 쓰지 못함으로 하여 요양병원에 계시는 동안 찾아뵈면서는 더욱 그랬고요.

그 쇠잔한 모습을 잊어도 좋을 만큼 당신의 삶이 힘 있는 것이었다는 느낌은 사실 장례 기간 때부터 들기 시작했어요. 영정으로 모신 당신의 얼굴에는 비록 노인이기는 해도 그 눈썹과 꽉 다문 입술에 군인의 기개가 서려 있었으니까요.

 거기다 육사 동창회에서 온 조기가 내걸리자,—전시에 배출된 당신의 기수는 졸업생도 많았고, 전선에서의 희생도 유독 많았다지요—비로소 당신이 무공훈장까지 받은 마지막 참전 용사였다는 게 새삼 인식이 되더군요. 다들 연로한 탓에, 평소 당신이 생사를 함께 넘나들었던 전우라고 손꼽던 동기생은 누구 하나 조문을 올 수가 없었지만요.

 입관을 하고 관 전체가 태극기로 덮였을 때는 말이에요. 당신의 턱과 가슴과 다리에 나 있던 궂은날이면 미처 제거하지 못한 파편으로 하여 몹시 저리다던 전투의 상흔이 그 위에 다시금 새겨지는 듯해서 가슴이 아파 왔어요.

 유골함도 태극기와 함께 보훈처에서 전달이 되어온

것이라 더욱 뿌듯함을 안겨준 건 물론이었어요. 먼저 돌아가신 어머니의 유골 또한 국립대전현충원에 나란히 안장될 수 있다는 무엇보다 기꺼운 통보를 받은 뒤였거든요.

이십여 년 전에 가신 어머니의 유골함을 모셔다 당신의 영정 앞에 놓고 나니, 오랜만에 보는군 하는 당신의 한 마디가 들려오더군요. 십 년 전 매장했던 어머니의 유골을 화장하기 위해 수습하던 날이었나요. 면장갑 낀 손으로 흙을 털어 내다가 머리뼈의 이마 부분을 쓰다듬으며 그리 말씀하셨지요.

그게 얼마나 힘든 시간의 아주 짤막한 토로였는지를 그땐 헤아리지 못했어요. 무남독녀였던 부인이 간 후 정신이 들락날락하는 장모를 삼 년 넘게 돌보며 지낸 것에 대한 거라고만 여겼을 뿐. 한데 내가 혼자되고 나서야, 당신의 그 홀로 버틴 나날이 지독히 외롭고 지루하고 맥이 풀리는 시간과의 또 다른 전투였다는 걸 알겠더군요.

화구에 들어가기 전 관 위의 태극기는 거두어지고,

두 시간 뒤 유골함에 담겨진 당신을 안고 밀려오는 졸음에 고개 끄덕대며 도착한 현충원. 그곳에서 부상을 입고 살아온 당신이 나라로부터 마지막 어떤 대우를 받는가를 여실히 보게 된 거예요.

합동으로 안장식이 거행되는 현충관 앞에는 이미 꽃으로 둘러싸인 단이 마련되어 있었어요. 도착하자마자 당신과 똑같은 유골함으로 옮겨진 어머니의 위패도 당신의 위패 옆에 나란히 놓여졌고요. 의식은 각 위패의 호명 뒤에 유족 대표의 헌화와 헌시 낭독과 트럼펫 소리 속에 행해진 묵념과 치사로 이어졌어요.

그리고서 흰 마스크와 장갑의 의전병이 정중한 발걸음으로 당신의 유골함을 받쳐 들고 가운데 통로를 지나는 순간. 바로 그 순간에 손수건을 눈에서 떼지 못한 채 바라보고 있던 내 입에서 "우리 아버지 오늘 참 멋지시네." 하는 말이 터져 나왔어요.

그날 안장된 분들 중에 당신의 계급이 가장 높았기에 당신이 맨 앞에 서고 그 뒤를 어머니가 이어서 따르는데, 어찌 줄줄 흐르는 눈물 속에서도 가슴이 벅차

오지 않았겠어요. 먼저 간 배우자까지 나라가 관리해주는 안식처에 들게 하는 당신의 힘이 느껴졌지요.

미리 파놓은 장교 묘역 당신의 자리엔 우리보다 앞서 유골함을 든 두 명의 의전병이 도착해 있었어요. 흰 보자기에 싸인 채로 당신과 어머니의 유골함이 나란히 놓인 뒤 차례로 흙을 뿌린 뒤에 나는 순례길에 담아온 성수를 몇 방울 떨어뜨려 드렸어요.

당신과 어머니가 만난 것도 전쟁 중 당신은 소위였고 어머니는 교사였다지요. 똑같이 황해도가 고향이었고요. 처음부터 마음에 든 건 아니었는데, 전방으로 나가면 못 살아올지도 몰라서 건넨 편지가 결국은 부부의 연이 되었다던 어머니 이야기도 새삼 기억이 나더군요.

그래서였을까요. 비석이 세워졌다는 연락을 받고서 나의 아들과 함께 찾아갔을 땐 그곳이 마치 당신과 어머니가 신혼살림을 차린 동리로 여겨지는 거였어요. 당신 말마따나 오랜만에 해후하고 나누는 도란도란 말소리도 들리는 듯했고요.

게다가 묘역을 둘러싸고 영산홍이 줄지어 심어져 있

어 다홍빛 그 꽃들이 울타리를 이루고 있는 정경이었어요. 부부로 살다가 그렇게 나란히, 꽃이 울을 만들어주는 나라의 안식처에 들 수 있는 이가 흔할까요. 전시가 아니면 맺어지지 못 했을지도 모를 인연. 그래서 그 꽃의 값이 유난히 깊게 안겨 오는 저녁이었나 봐요.

꽃값 열

 오늘은 기억을 더듬기 위해 떠났던 여행 이야기를 해야겠네요. 석 달 전 경주, 내내 우산을 쓰고 돌아다닌 그곳에서는 눈에 보이는 것들 안에서 뭔가를 읽어내고 싶다는 바람이 컸어요. 반월성터의 묵은 나무들과 계림의 귀기마저 서린 듯한 나무들 앞에서도 저들이 지닌 오랜 기억을 조금이라도 꺼내 볼 수는 없을까 하고요.

 땅속의 우물을 끌어올린 형상이라는, 별을 바라보는 탑 첨성대는 쌓아 올린 돌들 사이로 난 구석구석 틈이 세월을 헤아리게 하더군요. 저러다 어느 날 한쪽이 무너져 내리면 어쩌나 하는 우려는 밤에 다시 가서 마주한 위용 있는 모습에 묻혀버렸지요.

다음날 찾아간 포석정에서 거북 모양을 닮은 물길을 보노라니 둘레에 앉아 술잔을 건져 올렸을 선인들의 운치가 약간은 헤아려지더군요. 보문단지에 있는 첨성대 크기의 꽃탑이 그걸 만들었던 남편을 금방이라도 불러올 것만 같았던 느낌보다는 덜했지만요.

빗물이 흘러내리는 길을 철벅이며 찾아간 선덕여왕릉은 무척 외진 곳에 자리해 있어 생전의 외로움을 먼저 보는 듯했어요. 비안개가 깔린 낭산의 아름드리 소나무들이 여왕이 다스렸던 백성들의 화신처럼 여겨져서, 아직도 그 다스림 아래 있는 양 고개가 숙여졌고요.

불국사와 석굴암을 향할 즈음에야 비가 그쳤어요. 석굴암으로 가는 길에서는 추운 날 남편과 함께 걷고 있던 나의 뒷모습이 저만치 앞서가곤 하더군요. 누군가를 먼저 보낸 사람들은 항상 그렇게 함께했던 장소에서 뒷모습을 만나게 되는 거겠지요.

그리고 한 달 뒤엔 부여. 남편과 갔던 때는 여름이었

지만 이번에는 가을의 중간이었어요. 그래서인지 막 단풍이 들기 시작한 나무들이 삶의 계절이 흘러갔음을 인식하게 해주더군요. 부소산성 안에 들어 고란사와 낙화암을 향해 가는 길은 호젓한 쪽을 택했어요.

낙화암에서 강물을 한참 내려다보고 나자 온 길을 되돌아갈 힘이 남아 있지 않았어요. 정림사지 오층석탑과 박물관을 먼저 둘러보고 오느라, 벌써 해가 기울어가고 있었으니까요. 선착장의 "막배 떠나요." 하는 소리가 얼마나 반가웠는지 몰라요.

배에서 내려 차로 다시 그 강을 가로지르는 다리를 건너 백제문화단지가 있는 곳으로 향했어요. 엄청난 규모의 리조트에 들고 나니, 여관에서 묵었던 때와 어찌나 비교가 되든지요. 둘이서 하룻밤 여행을 할 수 있는 것만으로도 좋았던 무렵이었으니까요.

백제문화단지는 아들과 함께한 새로운 기억으로 남기에 충분한 곳이었어요. 사비 시대의 궁궐과 여러 계층 사람들의 집을 재현한 사비성도 볼만했고, 큼지막한 목조 부처와 복제한 백제 금동 대향로에서 향이 피어오르는 걸 본 왕실 사찰 능사도 인상적이었어요.

 부여에서 출토된 고분을 이전해 놓은 고분공원도 특이했지만, 온조가 비류의 미추홀을 통합한 뒤 한성에 자리잡고 지은 위례성이 놀라웠어요. 왕이 머무는 궁궐이 풀로 엮은 지붕에 나무 기둥과 흙벽이라라고는 짐작조차 못 했거든요. 몇천 년 전이니 지극히 당연한 것이었을 텐데도 말이에요.

 두 달 뒤엔 내 기억들만이 남아 있는 곳, 인천으로 향했어요. 육십 고개를 넘어가는 시점에서 마침과 시작을 위한 시간이 필요했다고나 할까요. 그러기에 안성맞춤인 곳이 결혼하기 전까지의 나를 만날 수 있는 그 바닷가 도시였지요. 인천역 근처에 있는, 그때는 들어가 볼 엄두도 못 냈던 호텔에서 우선 커피를 한 잔 마셨어요. 그곳이 마냥 조졸하게만 느껴졌던 건 형편이 나아져서가 아니라, 나이 들어 매사에 담담해진 눈 때문이라는 게 맞겠지요.

 차이나타운은 중국의 한 관광지를 옮겨다 놓은 듯한 착각이 들 정도였어요. 그보다는 해안 성당의 색을 입힌 유리창과 개화기의 흔적이 느껴지는 건물들이 더 정감 있게 다가오더군요. 단발머리의 나를 만난 건 거기서 한참 올라간 자유공원에서였어요. 그곳에선 철마다 글짓기 대회며 사생대회가 열리곤 했거든요. 문화 예술회관이 들어선 초등학교 자리와 그 앞의 문구점과 서점을 더듬으며 비탈길을 내려갔다가 다시 돌아와 올려다보니, 그때는 컸던 외국인 장군의 동상이 크게 보이질 않더군요.

그리고 눈에 들어 온 건 화단을 빽빽이 채우고 있는 자주색과 연두색의 꽃양배추. 조경을 하던 남편이 이 무렵에 꽃의 느낌을 줄 수 있는 식물은 저것밖에 없어 고맙다던, 동그랗게 펼쳐진 잎이 꽃처럼 보이는 양배추였지요. 어떤 화초도 쉽게 얼굴을 내밀 수 없는 언 계절에 유일하게 꽃의 느낌으로 앉아 있는, 잎모란이라고도 불리는 그들이 갑자기 귀하게 여겨진 건 내 삶의 계절이 이제는 겨울로 향하는 길목에 들어섰다는 인식 때문이었을까요.

기억을 찾아 떠난 여행의 끝에서 만난, 화초가 아닌

그 화초가 지닌 값. 그건 꽃을 품을 수 없는 계절 안에서도 꽃을 향한 마음은 결코 거둘 수 없는 것임을 알게 해준 데 있다고 해야겠지요. 삶의 세 계절을 마무리하고 이제는 남은 한 계절을 살아내기 위한 다짐이 절실한 시점이었으니까요.

꽃값 Ⅱ

꽃값 열하나

 덩굴줄기의 끝에서 연필심만 한 봉오리가 보이기 시작했을 땐 설마 꽃일까 했었어요. 처음 화분을 사 왔던 삼 년 전에 몇 송이의 꽃을 본 이후로는 반지르르한 짙은 녹색의 이파리만 보고 마는 게 다였으니까요. 좀 굵은 밑의 줄기가 두 갈래로 갈라져 올라와 위에는 다섯 개가 아래에는 네 개의 봉오리가 맺혀 아주 조금씩 통통해져가는 걸, 하루에도 몇 차례씩 확인하며 지낸 늦봄이었다고 해도 지나친 말이 아닐 거예요.

 그러다 드디어 나선형으로 꼭꼭 말려 있던 봉오리 하나가 풀어지며 비단처럼 고운 자주색 꽃잎을 벌려 주었을 때의 기쁨은 굳이 말로 하지 않아도 아시겠지요. 그제야 꽃의 이름을 다시 찾아보니, 천사의 나팔 소리라는 꽃말을 지닌 만데빌라였어요.

한 송이씩 피어나는 걸 지켜보면서도 걱정이 되었던 건, 앞쪽에서 핀 꽃송이에 가려 뒤쪽에 있는 꽃송이가 피지도 못하고 봉오리인 채로 떨어져 버리면 어쩌나 하는 거였어요. 섣불리 만지다가는 오히려 내 손에서 떨어져 버릴까 싶어 그러지도 못하고요.

피어나는 꽃송이가 안겨주는 기쁨과 봉오리인 채로 커져가는 꽃송이가 안겨주는 조바심에 틈날 때마다 들여다보곤 했는데, 그런 내가 그 작은 꽃나무의 질서를 얼마나 몰랐는지 시간이 지나면서 저절로 알게 되더군요. 앞쪽에서 활짝 피었던 꽃송이가 조금씩 그 싱싱함을 덜어내다가 시들어 버릴 때쯤이면 옆으로 살짝 고개를 틀고, 그 사이로 뒤쪽에 있던 꽃송이가 고개를 내밀어 조금치의 맞닿음도 없이 피어나는 거였으니까요.

꽃잎을 활짝 열어 자기에게 주어진 시간만큼 피었던 꽃송이가 스스로 물러나며, 뒤에 가려져 있던 다른 꽃송이를 위해 햇빛을 향한 길을 터준다는 사실은 놀라움이라기보다 오히려 깨달음에 가까웠지요.

게다가 안 피던 꽃이 피어났다는 건 상서로움의 예시일 테니, 그 만데빌라의 아홉 송이 꽃이 다 피었다 질 때까지 마음 안에서는 줄곧 기쁨의 바람이 불었어요. 상서로움의 크기는 받아들이는 사람에 따라 다른 것이어서, 떨어져 지내는 아들과의 짧은 문화재 여행이 바로 그것이었다고 한다면 너무 작은 일에 의미를 둔다고 하시겠어요.

처음엔 어차피 기차표를 끊어 내려가는 이삼일 아들에게로의 행로이니, 시간이 아깝지 않게 한두 군데 둘러보자는 데서 시작이 됐어요. 지지난해에 다녀온 경주와 부여에서도 그랬고, 지난해에 다녀온 부산의 범어사와 양산 통도사에서도 물론 그곳의 풍경과 더불어 보존된 문화재를 살펴보기는 했지만요.

하지만 올들어, 아들이 아예 여러 곳에 있는 국보와 보물의 목록을 표로 만들더니 그걸 찾아다니는 데 의미를 두자고 하는 거였어요. 그리고는 지역별로 가볼 곳을 하나하나 찾아서 빡빡한 일정을 짜놓기까지 하는 게 아니겠어요. "내려가기만 하면 이번에도 녹록지 않은 여정이니 편한 신발 신고 오셔요." 하는 게 빈말이 아니라고 여길 정도로 빠짐없이 둘러보곤 했지요. 이른 아침부터 저녁 늦게까지 그야말로 의미 있는 아들과 어머니의 문화재 기행인 셈이었어요.

지금까지 본 것 중에 인상 깊게 와 닿은 것을 꼽으라면, 안동 법흥동의 가림막이 설치된 철로 변에 있던 칠층 전탑과 흉년으로 인해 쌓다가 중단된 채로 남아 있는 군위 화산산성의 북문터와 텅 빈 절터 가운데 쌍사자 석등 하나와 삼층석탑만 남아 옛 영화를 전하는 합천 영암사를 들어야겠네요.

하나 더 하라면, 돌아오는 저녁 빗길에 뜻하지 않게 들를 수 있었던 김수환 추기경님의 생가였고요. 그분의 사진이 걸린 방문 앞 툇마루에 앉아 기도하고, 마당에서 네잎클로버를 하나씩 따고서는 좋아했지요. 남은 날을 잘 꾸려갈 힘을 얻은 기분이었으니까요.

나는 나대로 글 안에서 그 탐방의 기록들이 의미를

지닐 테고, 자연과학을 하는 아들에게는 또 그 나름대로의 의미를 지닐 테니 시간이 지날수록 잘 선택한 여정이라는 생각이 들더군요. "조경을 했던 아버지도 계셨다면, 우리 못지않게 반기셨을 거예요." 하는 아들의 말과 함께 말이에요.

그러고 보니 결코 빼놓으면 안 될 올여름 칠곡에 있는 송정 휴양림에서의 시간이 있네요. 친정아버지가 돌아가신 후, 꼭 하자고 이 년을 벼르다가 이루어진 여동생 부부와의 여행에서 크게 얻은 게 있거든요. 은행나무라는 이름이 붙은 숲속 나무집에 들어 저녁을 해먹고, 빗소리를 들으며 제부와 여동생과 아들 셋이서 화투놀이를 했어요. 동전을 주고받으며 오가는 말들이 어찌나 재미있는지 옆에서 구경만 하는데도 웃음이 나왔어요.

그때 예상치 않게 뭘 알게 된 줄 아세요. 좀 더 나이를 먹은 내가 이렇게 빗겨나니 저들이 저렇게 모여 앉아 즐겁게 지낼 수 있구나. 옆으로 비켜나 바라만 본다는 게 삶의 그리 서글픈 장면만은 아니로구나. 그게 바로 몇 년 만에 피어난 만데빌라, 그 꽃이 깨우쳐준 삶의 질서가 아닐는지요. 아들과 어머니가 벗이 되어 함께 다닐 수 있게 된 여행의 상서로움과 더불어, 그 꽃의 값이 거기에 있었다고 해도 무방하겠지요.

꽃값 열둘

 그늘이라는 낱말의 의미를 아세요. 어둠과 밝음의 상반된 의미가 한데 들어 있다는 것도요. '빛이 가려 어두운 부분, 드러나지 않은 곳, 불안하거나 불행한 상태 또는 그 때문에 나타나는 어두운 표정'으로 명시된 건 어둠의 부분이겠지요. 반대로 '의지할 만한 대상의 보호나 혜택'이라고 명시된 건 밝음 즉 든든함의 부분이 될 거고요.

 몇 년 전 여름, 집 근처에 있는 산을 오르다가 문득 든 생각이 있었어요. '이 숲이 만들어주는 그늘 아래서 얼마나 많은 풀꽃들이 피었다 지고, 올망졸망한 산 짐

승과 새들이 보금자리를 틀고, 의지가지없는 풀벌레들이 안온하게 숨어 지낼 수 있을까.'

그러다가 콧등이 시큰해지며 눈물이 고이는 거였지요. 이제 내게는 그러한 그늘이 없다는 것, 그래서 자꾸만 그늘이라는 낱말이 지닌 어둠의 의미 쪽으로 기울어지려는 걸 애써 막으며 살아야 한다는 사실에 서러움이 밀려온 때문이었어요.

누군가의 보호 속에 있다는 그늘의 밝음, 그 든든함의 의미를 처음으로 실감한 건 친정어머님을 잃고 나서였어요. 결혼을 한 뒤였으니 딱히 어머님의 그늘에 있었다고 할 수는 없지만, 어머님이 안 계신 친정은 어느 곳보다 따뜻했던 그늘의 의미를 바로 상실하고 말더군요. '어서 와라.' 하고 진심으로 반기는 목소리가 없었으니까요.

그러다 시어머님을 잃고 나서는 현실적으로 그러한 그늘의 없어짐이 어떤 것인가를 절실히 느껴야만 했어요. 살림을 도맡아 하며 아이도 키워 주신 덕에, 집안일에 구애받지 않고 학교 나가는 일과 글 쓰는 일을 자유롭게 할 수 있었거든요.

 그랬던 분이 가신 뒤 여러 가지 일을 한꺼번에 꾸려 나가기가 너무 버거워서, 간신히 삼 년여를 버티다 직장 생활을 접고 말았지요. 시어머님이 하셨던 것처럼 이제는 내가 남편과 아들에게 편안함을 줄 수 있는 집의 그늘이 되어 주어야 한다는 생각이 강해지기도 했고요.

 누군가의 그늘 아래 있다는 안도감 못지않게, 누군가의 그늘이 되어 주고 있다는 뿌듯함도 좋은 것이구나 하고 여길 만큼의 시간이 흘러갔어요. 시어머님이 가시던 해에 유난히도 많이 피어 꽃그늘을 만들어주었던 수수꽃다리의 보랏빛 꽃은 이듬해부터는 줄어들더군요.

 한데 가신 지 십 년 만에, 처음 만나 뵐 때 입었던 청록색 한복 차림으로 시어머님이 왜 대낮의 꿈에 오셨던 걸까요. 스물한 살에 혼자가 되어 키운 아들을 데리러 오셨다면서요. 그 누구보다 효자였던 아들은 내가 말릴 틈도 없이 따라나섰고요.

 진땀을 흘리며 깨어난 그 꿈이 결국은 너무 늦게 발

건되는 바람에 손을 쓸 수조차 없이 남편에게 닥쳐온 병마의 예고였고, 한 달이 채 가기도 전에 가장이라는 그늘을 잃고 말 엄청난 일의 예고였지요. 그건 시간이 흐른 지금도 두려움에 가슴 떨게 만드는 기억이에요.

아들과 함께 뒤에 남겨진 여자가 겪어야 할 일들, 시어머님도 똑같이 겪으셨을 그 일들을 다 치르면서 가장 힘들었던 게 뭔 줄 아세요. 어떤 문제가 생겼을 때 믿고 의논할 그늘 없이 나 스스로 판단해서 결정하며 아들의 그늘이 되어주어야 한다는 것.

그러한 그늘의 부재를 겪어낸 뒤라서인지, 올봄 친정아버님이 돌아가셨을 때는 그다지 큰 상실감이 안겨 오지 않았어요. 모시고 살지 않은 탓도 있겠지만, 이제는 부모님이 다 안 계신다는 것이 슬픔으로 다가오지 않을 만큼 깊은 그늘의 부재에 익숙해진 거라고 하는 게 맞겠지요. 그런 나 자신이 실은 정말 서글픈 모습이라는 건 알지만요.

누군가의 그늘이 내게는 더 이상 존재하지 않는다고 해도 나는 끝까지 아들에게 먼저 간 아버지의 몫까지 그늘이 되어 주어야 한다는 사실. 때로는 그 무게감으로 하여 그늘이 지닌 어둠의 의미 속으로 한없이 끌려 들어갈 때가 있어요. 힘들지 않은 척 견딜 만한 척 하는 걸 그만두고 그냥 무너져버리면 차라리 편할 것 같다는 생각도 하면서요.

그걸 이기기 위해 마음의 줄다리기를 계속해야 하는 생활이 수월한 건 결코 아니지만, 생각의 방향을 바꾸어 보면 그 긴장감이 지금의 나를 지탱해 주는 힘이 아닐까 싶기도 해요. 밝고 든든한 의미의 그늘, 그중에서도 꽃그늘이라는 말을 가슴 가운데 품고 사는 건 그 아래 머물고 싶다는 바람이 무엇보다 크기 때문일 거예요.

어쩌면 더는 이곳에서의 그늘을 만들어 줄 수 없는 그분들이, 특히 남편은 위에서나마 내게 영혼의 꽃그늘을 만들어주고 있지는 않을까요. 내가 이리 고달프게 그늘의 역할을 다하고 그곳으로 가, 똑같은 꽃그늘을 아들에게 만들어주게 될 때까지 말이에요.

그러니 그늘이 누군가의 보호와 혜택을 뜻하는 낱말

이라면, 꽃그늘이라는 낱말이 내게는 이 지상의 것이 아닌 천상의 것으로 다가온다고 해야겠지요. 흐드러져 핀 꽃그늘 아래서 내게 그늘이 되어 준 이들을 만나는 날, 피어난 꽃들은 비로소 그 값을 다하는 것일 테고요.

꽃값 열셋

 장충동에 있는 피정의 집에 들기 전부터 내 머릿속을 오간 건 팔 년 전 겨울의 기억이었어요. 정확히 말하면 성탄절 저녁, 슬프다기보다 그저 비어있는 멍한 눈빛이라는 표현이 맞을 어머니와 아들의 얼굴이 그 문턱에 걸려 있었으니까요.

 입원 한 달 만에 남편이 암으로 떠난 건 십일월 초, 한 해가 마무리되는 시점에서 가장 없이 남겨진 우리가 마음 둘 곳이 어디 있었겠어요. 그것도 종교와 상관없이 축제가 된 크리스마스 전날 저녁에 말이에요. 베네딕도 수도원의 지인 수사님을 통해, 분원 피정집에서 그날 저녁에 시작해 다음 날 점심까지 이어지는 일정에 신청을 한 건 그래서였어요.

다른 참가자들에게야 예수님 탄생의 기쁨을 나눌 수 있는 시간이었겠지만, 아들과 내겐 장례를 치르고 나서도 도무지 받아들여지지 않는 우리의 상황에 멍한 표정일 수밖에요. 그래서 자정 미사 때 부를 그레고리오 성가 연습 시간에도 숙소의 침대에 누워만 있었지요.

"아버지 없이 두 달째 살고 있네요." "그러게. 앞으로 우리는 어떻게 살아가게 될까."

터져 나오는 울음보다 더 슬픈 빛깔이었을 그 대화가 이제는 책갈피에 끼워져 곱게 마른 나뭇잎처럼 담담한 느낌으로 남았으니, 그 뒤의 삶이 무너지지는 않았단 뜻이겠지요.

"우리 이만하면, 잘 견뎌냈다고 말해도 되겠지요." "그래. 너는 왜관 수도원 성물방에서 일하며 공부 다시 시작했으니 됐고, 나는 그 후에 옮겨온 수리산 자락에서 글 쓰며 지내고 있으니 됐고. 앞으론 이만큼 되기까지 위에서 지켜준 분께 돌려드릴 것을 찾아야겠지."

스스로 이만하면 괜찮다고 말할 수 있을 정도면, 이제는 멍하다는 대신 또렷한 눈빛이라는 표현을 써도 되지 않을까요. 무엇이 가장 중요한지를 분명히 인식하고 걸어가는 사람만이 지닐 수 있는 그런 눈빛 말이에요.

피정집에 들어설 때까지만 해도 지난 기억에 빠져 느릿한 걸음이었는데, 접수를 하고 숙소 배정을 받고 난 뒤부턴 그럴 겨를이라고는 없었어요. 우선은 맨 꼭대기 층 방이라 얼마나 더운지 숨이 막힐 지경이었지요. 폭염이라는 말을 한 달 이상 달고 있는 날씨라 선풍기에서는 뜨거운 바람만 나왔고요.

그런 속에서도 징 소리로 알리는 기도 시간이며 회의 시간은 어김없이 진행이 되는 거였어요. 참, 그 사이에 내가 성베네딕도회 왜관 수도원의 봉헌회 회원이 되었다는 말부터 해야겠군요. 작년부터는 우리 기의 봉사자 소임을 맡아 매년 열리는 전체 봉사자 회의에 참석한 시간이라는 것도요.

여태껏 어느 모임의 대표가 되는 일은 지극히 꺼려

왔는데, 봉헌회에서는 그게 뜻대로 되지 않았어요. 누구나 한 번씩은 돌아가며 해야 한다는 말을 들으면서도 어떻게든 빠지다 보면 넘어가겠지 했는데 도리가 없는 일이었어요.

맡고 나니, 매달 있는 모임에서 우리 기에 주어지는 일을 주관해야 하고 석 달마다 있는 봉사자 회의에 참석해야 하는 등 역시 묶이는 게 많은 건 사실이더군요. 하지만 그러면서 달라진 게 있다면, 점점 또렷해진 마음 자세였어요. 봉헌회에 들어와 처음 이 년 동안은 맨 뒤에서 참여해도 그만 참여하지 않아도 그만이라는 식이었으니까요.

남편이 만들어주던 울타리 대신 봉헌회를 선택해 신앙의 울타리로 삼으면, 내 삶에 드리운 허전함의 안개를 조금이나마 거둘 수 있지 않을까 하는 그야말로 흐릿한 생각이 다였다고 해도 지나친 말이 아니었을 거예요.

그러다 봉사자가 되어 의무를 다하기 위해 애쓰다 보니 봉헌회가 조금씩 의미를 지니게 됐고, 그 속에서 애정도 생겨났어요. 지난해에는 왜관에서 총 봉사자회의가 있어 내려갔었고, 올해는 서울에서 열린 회의 참가를 끝으로 봉사자의 임기도 몇 달을 안 남기고 있어 충실하게 참여하자 작정한 터였지요.

분임 토의에서 우리 조의 기록을 맡아, 그 더운 방에서 거의 못 자고 일어나 정리한 것을 다음날 발표하며 기꺼운 마음이었던 것도 그래서였고요. 아니, 나를 그렇게 만든 건 새벽이 오는 피정집 뜰에서 만난 닭의장풀 그 한 포기 풀꽃이었는지도 모르겠네요.

달개비라고도 부르는 그 꽃의 파랑 꽃잎은 어느 꽃도 따라오기 힘든 선명함을 지니고 있었거든요. 마디진 줄기에 달려 풀숲에서 고개를 내민 그 꽃이 부르는, 빛깔만큼이나 또렷한 노래. 이른 아침에 피었다가 낮이면 꽃잎을 접는다는 그 반나절 꽃을 만났을 때 떠오른 건, 회의에 들어오기 전에 읽어 기억할 수 있었던 시편 한 구절.

"내 영혼 당신을 노래하여 잠잠치 말라 하심이니."

그것이야말로 남은 시간 내가 무엇을 해야 하는지를 정확하게 짚어주는 또렷함이 아니었을까요. 자줏빛 맨드라미와 주황빛 능소화와 하얀 옥잠화가 핀 한여름 뜰에서 손톱만 한 파랑의 꽃잎으로도 선명함에서 결코 뒤지지 않던 그 꽃이, 스스로 작은 찻잔에 견주는 내 미미한 글솜씨로도 해야 할 일이 있음을 알려준 셈이니. 그 꽃의 값이 곧 내 삶의 값으로 바뀌어 다가온 것이라 여겨야겠군요.

꽃값 열넷

　도착 지점인 성지보다 그곳으로 향하는 길에 마음이 끌려서 참여하게 된 순례였다고 말한다면, 그럴 수도 있겠다 싶으세요. 길의 초입에서부터 눈에 띈, 전혀 생각지 않았다가 만난 꽃 무리가 그에 대한 답을 해주어 더욱 기뻤다면 말이에요.

　전철에서 내려 다시 마을버스를 타고 다다른 새남터 성지는 귀로 들은 사연만으로도 발걸음이 조심스러워지는 곳이었지요. 성당 앞에는 순교자들이 처형당한 모래밭을 투명한 판 밑으로 보이게 해놓았더군요. 무릎 꿇고 기도드릴 수 있는 대도 마련해 놓았고요.

거기서 출발한 길이 바로 강을 따라 이어지리라고는 예상하지 못했어요. 지도에서 찾아보거나 지리를 헤아려 봤더라면, 한강 변으로 난 길이라는 걸 짐작했을 텐데요. 강바람을 맞으며 걷는 여정이라는 걸 알고 나니, 잘 왔구나 싶어 웃음이 번지는 거였어요.

그러다 강둑의 수풀 사이로 보이는 꽃을 만났을 때는 환호가 저절로 나왔지요. 전부터 좋아해 온 수레국화, 눈에 띄기만 하면 반색하는 낯빛을 감추기 어려웠던 청보랏빛 꽃송이들이 거기 있었으니까요. 그 꽃에 담겨 있는 기억들이 먼저 다가왔어요.

처음은 삼십 년 전쯤에 산 '수레꽃'이라는 제목의 책이었어요. 헝가리의 신학자가 쓴 것이었는데 다양한 신앙 체험이 담겨 있었어요. 고향 들판에 피는 수레꽃을 무척 좋아하셨던, 오래전에 돌아가신 어머님께 그 책을 바친다고 씌어 있었어요.

밀밭 사이의 좁은 길에 피어있는 그 꽃의 작은 꽃송이는 얼핏 보면 바람개비 같지만, 진정한 의미는 그 빛깔에 있다는 거였지요. 파랑에 보라가 섞인 그 빛깔이야말로 순수함의 표상 같다고, 내륙에 자리해 있어 바다를 쉽게 볼 수 없는 헝가리 사람들에게 동경하는 바다의 빛깔을 연상하게 해주는 고마운 존재였다고요.

그러면서 고된 하루를 들에서 마치고 돌아가는 이들에게 잔잔한 미소를 안겨주는 그 꽃의 소박한 아름다움이야말로, 넓게 펼쳐진 밀밭이 주는 아름다움과는 다른 의미를 지닌다고도 했어요. 바다를 푸르게 하고 하늘 또한 푸르게 만든 그분의, 잔바람에도 흔들리는 수레꽃의 꽃잎마저 푸르게 물들인 신비를 헤아려 보노라면 어머님의 마음이 느껴진다고 말이에요.

역시 헝가리 시인이 쓴 「수레꽃」이라는 시 안에도 자기가 구하는 일상의 평안이 오롯이 담겨 있다고 했어요. 한 송이 수레꽃처럼 그냥 조용하고 푸른 마음을 안은 채 가만히 앉아, 행복 가득한 눈빛으로 그분을 찬양하고 싶다는 내용이 와 닿는다고요.

책에서 읽고 어떤 모양새일까 했던 그 꽃을 꽃집에서 만난 건 몇 년 뒤였어요. 조각하는 사람과 조경하는 사람과 그림 그리는 신부님과의 저녁 식사 자리에 빈손으로 가기가 뭐해서 들렀거든요. 서먹한 분위기를 풀어주는 데는 꽃만 한 게 없잖아요.

작은 과꽃처럼 보이는 꽃이 먼저 눈에 들어왔는데 짙은 보랏빛과 엷은 보랏빛과 짙은 분홍빛과 엷은 분홍빛을 띤 꽃송이들이 처음 보는 거였어요. 자잘한 모양새가 귀여우면서도 맑은 느낌을 주기에 꽃다발로 만들어 달라고 하고서는 이름을 물어보았더니, 원래는 수레국화인데 보통 수레꽃이라고 한다는 거였어요.

'아, 이 꽃이 바로 그 꽃이구나.' 그 꽃을 안고 간 저녁의 만남 역시, 자기를 표현하기 위해 자기만의 방식으로 애써온 사람들끼리가 아니고서는 결코 주고받을 수 없는 이야기들이 오간 뿌듯한 시간이었어요. 수레꽃과 더불어 인상 깊게 남았으니까요.

그리고 이십 년이 지나, 그중 한 사람이었던 이를 떠나보내고 나서 아들과 함께 찾았던 장미원. 갖가지 빛깔 장미가 만발한 정원을 지나 가장자리 풀밭으로 나갔는데, 거기에 바로 청보랏빛 수레꽃이 푸른 바람의 물결을 일으키며 피어있는 게 아니겠어요. 마치 그 사람이 머물고 있는 하늘 풀숲의—남은 사람이 안아야 하는 슬픔마저도 잔잔한 손길로 잠재우는 풍경을 만나기라도 한 느낌이었어요.

기억들 속에서 그 꽃을 만나며 걷는 동안 하늘대는 길섶의 꽃들도 눈에 띄었다 안 띄었다를 반복하며 끝까지 함께 해주었지요. 걸으며 그분을 만나고자 한 시간에 새삼 감사하다가 수레꽃의 꽃말이 행복이라는 걸 떠올렸어요. 지금은 순교의 바람이 밖으로 부는 때가 아니니, 수레꽃과 함께 한 시간이 안겨준 조용함에 의미를 두어도 좋으리라는 생각도 함께요.

한강 변에 우뚝 솟아 누에가 머리를 든 모양 같기도 하고 용이 머리를 든 형상 같기도 했다던 봉우리가 숱한 사람의 목이 잘린 봉우리로 바뀌어 불리게 된 절두산 성지. 두 시간 가까이 걸어 그곳에 도착하자 강바람에서 핏빛이 느껴진 건 그래서였겠지요.

돌아오는 길엔 예보됐던 비가 내렸어요. 강둑에 피어 있던 수레꽃의 자잘한 꽃송이가 그 빗줄기에 스러지면 어쩌나 걱정이 된 건, 걷는 순례길에서 얻은 평안함이 깨지지나 않을까 하는 우려 때문이었을까요. 그 꽃의 값이 거기 있음을 비로소 알게 된 뒤였으니까요. 어쩌면 지금 안고 있는 평안함이 언제 내릴지 모르는 빗줄기에 그 꽃처럼 되지는 않을까 하는 불안감도 함께 자리해 있었는지 모르겠네요.

꽃값 열다섯

 겨울이 무겁고 두꺼운 외투를 벗는 소리가 그리 달갑지 않게 여겨진 적이 있으세요. 추위를 데려가는 봄비 소리가 마냥 반갑지만은 않아, 움츠린 계절이 이대로 조금만 더 이어졌으면 하고 억지를 부리는 듯한 심정 말이에요.

 어젯밤도 그랬어요. '문 밖에 내리는 저 비가 금세 봄을 불러오지는 않겠지.' 하는 생각으로 잠자리에 들었어요. 겨울의 초입부터 감기처럼 찾아온 마음 앓이는 더했다 덜했다를 반복하며 도무지 나갈 기미를 보이지 않았거든요.

한데 꿈에 외할머니가 찾아오셨어요. 돌아가신 지 삼십 년이 되어 가는데 어려서 뵙던 모습이었어요. 손바닥에 놓인 꽃씨를 보여주며 빈 화분이 있느냐고 물으시더군요. 넓지 않은 내 베란다에 그게 있을 리 없어 우물쭈물하자, 그럼 됐다가 네가 심어라 하시는 거였어요.

'그거 한련화 꽃씨 맞지요. 할머니가 제일 좋아하던 꽃이잖아요.' 어디서든 한련화를 보면 저절로 할머니를 떠올리곤 했으니 당연한 말이었어요. 그 후론 꿈이었는지, 꿈속에서 기억해낸 지난날의 장면이었는지 헤아리기 어려웠어요.

할머니가 한련화를 심어 키우던 곳은 이웃 사람들이 화평동 꽃집이라고 부르던 반 양옥이었어요. 처음 가지게 된 우리 집이기도 했지요. 나무 사다리를 딛고 올라가야 하는 야트막한 창고의 옥상에는 항아리와 더불어 수십 개의 화분이 놓여있었어요.

겨울 갈무리가 힘들어서 봄이면 여러 가지 씨를 뿌려 가을까지 꽃을 보곤 했는데, 그중에 가장 밝은 빛깔을 띤 게 한련화였어요. 물방울이 또르륵 굴러 떨어지는 이파리의 모양새가 작은 연잎 같기도 해서, 흙에서 자라는 한련(旱蓮)이라 한다고 했어요.

그런 잎 사이로 올라와 피는 주홍과 주황과 노랑의 꽃들이 무리를 이루면 얼마나 환한 빛을 발하는지 해가 저도 옥상엔 어둠이 내리지 않는 듯했어요. 한 가지 색깔만으로도 그 밝음이 컸을 텐데, 그 계열의 색깔 꽃이 셋씩이나 어우러져 피었으니 말이에요.

할머니가 그 꽃에 왜 그리도 애착을 보이셨는지는 나중에야 헤아리게 되었지요. 시집가서 대 이을 아들을 낳지 못하고 딸 하나만 두게 되자, 당신 스스로 친정으로 돌아왔다고 들었거든요. 함께 데리고 온 딸인 어머니는 왕래가 있었지만, 할머니는 그 뒤로 한 번도 대면을 안 하다 피난 후 소식이 끊겼다고 했어요.

'할머니가 한련화에 그토록 매달린 건 당신 마음에 자리한 그늘을 그 꽃이 피는 동안만이라도 거두어내고자 해서가 아니었을까. 여자로서 제 손으로 등불을 꺼버린 긴 삶에 그 꽃이 자잘한 등이 되어 밝혀주었으면 하는 바람을 품고서.'

가만히 헤아려 보니, 할머니가 꽃씨를 들고 굳이 맏손녀인 내게 오신 데는 다른 까닭도 있지 않나 싶더군요. 유일한 자식인 어머니가 예순을 못 넘기고 돌아갔을 때 할머니는 넋이 나간 거 같았어요. 그리고서 혼자 된 사위인 아버지와 사는 동안 서서히 정신을 놓아갔고요. 어머니가 간 날부터 식구들 눈초리에 담긴 괜한 원망을 피하고 싶었던 걸까요.

'할머니가 먼저 가야하는데, 고집 세게 오래 사니까 딸이 먼저 간 건지도 모르잖아요.'

요양원에 보내드리자는 말이 나오면, 아버지는 그럴 수 없다고 입을 막으셨어요. 그러다 삼 년 만에 쓸쓸히 눈을 감으셨고, 화장을 한 유해는 어머니가 마련해 두었던 묫자리가 있는 언덕에 뿌렸어요. 우리에게 짐을 지우지 않겠다는 아버지의 뜻이었지요.

그 후로 할머니의 가신 날을 기억하는 건 나뿐이었어요. 일이 년은 챙기던 아버지도 차츰 잊어버리셨거든요. 내가 기억을 한다고 해도 매년 성당에서 미사를 올려드린 게 다였어요. 할머니도 아버지도 어머니도 다

보내드리고, 이제는 나이백이가 된 손녀의 머릿속에 그렇게나마 머무는 게 마뜩하셨던 걸까요. 아니면, 겨우내 계속되는 마음의 병치레로 하여 차라리 추위가 좀 더 갔으면 하는 어이없는 바람으로 봄비 소리를 반기지 않는 나의 꼴이 딱해서, 꿈에 한련화 꽃씨를 들고 먼 데서 발걸음을 하신 걸까요.

아래쪽 끝이 뾰족한 꽃의 모양새가 기사들이 쓰는 투구와 비슷하고 원반을 닮은 이파리의 생김새도 방패처럼 보여서 유럽에서는 한련화를 승리의 상징으로 여겨왔다지요. 그리스어로는 트로피라는 뜻도 지닌다는 꽃이니, 힘내라는 뜻을 담아서 말이에요.

홀로살이에 지쳤다는 것 말고는 딱히 이유를 댈 것도 없는 긴 겨울 마음 앓이가 할머니가 주고 간 한련화 꽃씨로 하여 물러나 줄까요. 수시로 어둠이 내리는 여로에서 환함을 불러오는 것만으로도 기쁜 일일 테니, 그걸로 그 꽃의 값은 충분하다는 생각이 드는군요.

꽃값 열여섯

 내가 다닌 여고의 뒷동산에서 만난 한 그루 생강나무야. 그날 너를 만나지 못했다면 나는 아직도 오랫동안 가져온 의문에 대한 답을 얻지 못했겠지. 그곳에 머문 시간 속에서 내가 했던, 쉽게 이해되지 않는 행동들에 대한 늦은 이해를 말이야.

 교문을 나선 지 사십오 년 만에야 찾아간 발걸음이었을 거야. 물론 그사이에 한두 번 가기는 했지만, 혼자서 네가 서 있는 동산에 오를 수 있는 여유를 따로 가지지는 못했어. 그래서 이번엔 모임 시간보다 훨씬 먼저 간 거였단다.

전에는 건물 뒤쪽으로 운동장이 있고 그걸 가로지르면 동산이 있었는데. 지금은 운동장 뒤로 새로 지은 교사가 있고 그 뒤로 바로 동산이 연결되는 구조로 바뀌어 있더구나. 그래서 약간 낯설기는 했지만 동산이 남아 있는 것만으로도 얼마나 기쁘던지.

올라가는 입구엔 학교 숲이라는 나무 팻말이 세워져 있고, 하얀 철문까지 달려 있어 잘 관리되고 있다는 생각이 들더구나. 예전 기억을 떠올리며 나무로 된 계단을 올라갔지. 그러다가 중간쯤에서 옆으로 이어진 길을 만났고, 거기서 마주친 게 바로 너였어.

삼월 초라 아직 나는 외투 차림인데, 서둘러 봄을 알리려는 듯 연노랑 꽃을 드문드문 단 모양이 얼마나 정겨웠는지 몰라. 처음엔 산수유꽃이구나 했는데, "생강나무—녹나무과로 삼월에 노란 꽃이 꽃대 없이 달리며 열매는 구월에 달린다."는 설명이 적힌 팻말이 있었어.

꽃대 없이라는 표현이 좀 생소해서 자세히 들여다보니, 정말 너는 작은 꽃망울들을 옆으로 뻗은 가지에 바로 달고 있더구나. 꽃자루가 나와 꽃망울이 맺히는 산수유나무와는 그 점이 다르다는 걸 그때야 알았단다.

너는 산에서 자라고 산수유는 마을 주변에 많다는 것, 잎을 따서 비비거나 잔가지를 꺾어 코에 대면 생강 냄새가 나서 네게 그런 이름이 붙었다는 정도만 알고 있는 게 다였는데 말이야. 그러기 전에는 물론 구분을 하지도 못했지.

한데 그러다가 나는 왜, 오래전 이 동산을 그토록 헤매고 다녔던 나에 대한 답을 어렴풋이 찾은 것 같다는 생각을 하게 됐을까. 아, 그 무렵의 내게는 이곳이 세상의 모든 동산이고 언덕이고 나무가 울창한 밀림이었구나.

동산 가운데로 난 길을 걸으며 만나는 풀꽃들을 보면서는 소설에서 읽은 꽃이 만발한 언덕이나 들판을 연상했고, 빨간 열매가 달린 덩굴을 헤치면서는 깊은 산에서 홀로 이어가는 야생의 삶을 꿈꾸기도 했으니 말이야.

점심시간이면 혼자 와서 앉아 있다가 오후 시간 종이 나는 걸 못들어서 빠진 적이 여러 번이었고, 수업이 끝난 후 이어진 자습 시간에 빠져나와 이곳을 돌아다니다가 넘어져서 교복이 흙투성이가 되는 바람에 애를 먹은 적도 있었어.

그뿐이었나. 갑자기 비가 내리는 날이면 우산을 가지고 온 동생을 돌려보내고 이곳의 제법 큰 나무 밑에 앉아서 흠뻑 젖기도 했고, 눈이 펑펑 내릴 때면 천으로 된 운동화가 얼어서 딱딱해지도록 갔던 길을 되돌아오기를 반복했었지.

가만히 헤아려 보니, 그때 그러고 다닌 내가 참 어이없는 생각에 빠져 있었다는 걸 알게 되더구나. 초등학교와 중학교를 거쳐 고등학교까지 왔는데, 지금쯤이면 어째서 자기가 좋아하는 과목 쪽으로만 수업을 들을 수 없는 걸까.

그럴 수만 있다면 나는 글 쓰는 것에 관련된 수업만 들으며 이렇게 가슴 답답해하지 않아도 될 텐데. 도대체 언제까지 도무지 머리에 들어오지도 않는 과목의 수업까지 들으며 아까운 시간을 써야만 하는 것일까.

그게 아주 틀린 사고였다는 건 살면서 저절로 알게 됐지. 자신이 좋아하는 것만으로 무언가를 이루기 위해

선 싫어하는 쪽의 공부도 기본적으로 해야 하고, 어쩌면 고등학교가 그게 이루어지는 마지막 단계라는 걸 말이야.

지루한 그 과정을 거치고 난 뒤에야 자기가 정말 무엇을 좋아하는가에 대한 실수 없는 선택이 이루어지는 법이고, 확실한 믿음을 바탕으로 한 성과도 기대할 수 있다는 엄정한 사실을 깨닫게 되기까지 긴 시간이 걸린 셈이지.

결국 이곳에 그렇게 자주 머물렀던 건, 과정은 건너뛴 채 서둘러 내가 그리는 삶 속으로 옮아가기만을 원한 어리석음에서였다는 걸 이제야 안 거야. 꽃자루 없이 가지에 바로 꽃망울을 달고 있는 너의 모양새에서 성급한 꿈을 그리도 목말라 했던 예전 나의 모습을 읽었다면, 너는 언짢아할까.

그래도 단발머리 여고생이 잿빛 머리 여인으로 찾아와, 아주 오랫동안 대체 왜 그랬던 걸까 하고 품어온 자신에 대한 답을 너를 통해 얻어 가지고 돌아간다면 그것만으로 기꺼워해주지 않겠니. 그게 생강나무꽃, 네가 아니면 결코 찾을 수 없는 귀한 꽃값일 테니까. 그리고 너에게서 찾은 그 꽃값의 의미가 새삼 그리움으로 다가오는 건 칠십을 바라보는 나이에는 다시금 가질 수 없는 신선함 때문이기도 하겠지.

꽃값 열일곱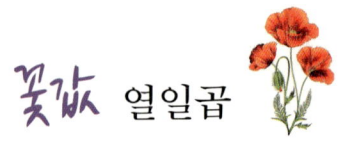

 지난해 오월, 십일월에 있을 종신봉헌—수도원 밖에서의 삶을 이어가고 있으나, 죽을 때까지 그 수도회의 규칙에 따라 살겠다고 서약하는—을 앞두고 떠났던 순례의 기억이 다시금 생각나는 저녁이군요. 열이틀간의 여정 중 여섯째 날이었을 거예요.

 성베네딕도회 왜관 수도원의 모원으로 여겨지는 상트 오틸리엔 수도원에 드디어 도착했었거든요. 독일 남부 바이에른 주 뮌헨에서 남서쪽으로 한참 떨어진 옛 엠밍 마을에 자리 잡은 오틸리엔 수도원에 대해서는 자주 들은 터라 낯설지 않았어요.

양쪽으로 끝없이 펼쳐진 밀밭과 풀밭에 가득 피어난 다홍색 개양귀비꽃과 그 위를 스치는 바람의 잔잔한 물결. 가는 길에 본 풍경들은 고흐의 그림을 떠올릴 수밖에 없게 했어요. 이걸 접했으니 안 그릴 수가 없었겠구나 하고요.

그곳에서 사흘을 머무는 동안 수도원의 건물 앞 화단에서 줄기가 휘도록 탐스럽게 피어난 작약꽃을 맘껏 볼 수 있었어요. 꽃이 들어간 글에 긴 시간을 매달려온 내게는 더할 나위 없는 기쁨이었지요. 하지만 그 수도원에서의 첫밤이 그다지 편안한 것만은 아니었어요.

사흘 전 팔순을 기념해 순례에 참여한 한 여인이 연두색의 고운 한복을 입고 영성체를 하며 눈물 흘리는 모습이 와 닿았어요. 그날 저녁 포도주를 내는 걸 보며, 이런 때 좋은 글 한 편 낭독하면 아주 멋질 텐데 한 게 시작이었어요.

여기까지 와서 왜 고생을 자처하나 했다가 청설모 꼬리만한 재주로 그것도 못 하겠나 하다가, 쓰기로 마음먹은 뒤였기 때문이지요. 아침에 일정을 시작하면 도무지 개인 시간을 가질 수가 없는 터라, 다음날 저녁에 읽으려면 처음 오틸리엔 수도원에 든 그날 밤밖에는 쓸 시간이 없었거든요.

따로 용지가 없어서 메모 노트를 찢어서 쓰고 고치기를 반복해가며 밤을 새웠어요. 잠깐 눈을 붙였다 일어나서 읽기 쉽도록 정서를 하다 보니 어느덧 아침기도 시간이었어요. 얼굴도 못 씻은 상태라 하는 수 없이 방에 남았어요.

다 마치고 나서 창밖의 하늘을 보니, 미치도록 좋아한다는 표현을 쓰는 청보라색이었어요. 밤이 새벽으로 오는 길목에서 나타났다 금세 사라지는 하늘의 색. 집에서 밤을 밝히고 난 새벽에 보아도 말할 수 없는 기쁨이었는데, 이 먼 곳에 와서 그것도 글을 쓰다가 만나다니 더 무엇을 바랄까 싶더군요.

그곳 수사님들과 함께 미사를 드린 후, 뮌헨 시내에 나가 시간을 보내고 돌아와서는 신부님의 안내로 수도원의 이곳저곳을 돌아봤어요. 그리고서 오틸리엔 역 앞에 이르러 잠시 쉬는 동안 그 부인에게 내가 쓴 글을 읽어드릴 수 있는 시간이 주어졌어요.

"내 눈에는 아직도 수줍음 많은 소녀로 보이는 팔순의 여인아. 성 베드로 성전 안 소성당에서 미사 올리며 가슴 속 깊은 우물에서 퍼 올린 감격에 눈물 훔치는 너를 나는, 시신이 되어 무릎 위에 늘어진 아들을 내려다보는 대리석 조각상에 깃든 눈빛으로 지켜보았지.

안다, 안다, 다 안다, 내 딸아. 그동안 너의 시간이 짐 가방의 무게만큼이나 어깨를 뭉치게 하고 허리를 휘게 하는 고단함의 연속이었다는 것을. 그리하여 너는 팔십이 되는 미사에서나마 고운 한복의 가벼움으로 날고 싶었던 것이 아니냐.

그러나 성스러운 어머니로 칭송받는 나조차도, 아니 나야말로 맨발로 찔레 덩굴의 가시를 밟는 피 흘림의 나날이었단다. 어미라는 게 원래 쓰라린 걸음이 숙명이라지만, 십자가에서 숨이 끊어져 가는 아들을 올려다보며 터져 나오는 울음조차 삼키고 버텨야 했던 나를 따를 여인이 과연 있겠느냐.

그러나 딸아, 꼭 가슴에 새겨 두려무나. 순례를 마치고 돌아간다 한들 녹록지 않은 세상살이의 무게가 일시에 줄 리 없다는 엄연한 사실을. 그렇다 해도 산다는 건 함부로 저버릴 수 없는 소중한 가치이기에, 네 눈물에 씻긴 영혼의 가벼움으로 끝까지 걸어야만 한다는 사실 또한 말이다.

아카시아 향기가 밀밭을 스치는 바람으로 물결을 이루고, 다홍색 개양귀비꽃이 그 값을 다하기 위해 이 계절에 피었다 지듯이. 너의 목숨값이 다하는 날, 고통으로가 아니면 걸을 수 없는 피에타—그 빛나는 길을 걸어 내려와 반드시 손잡아 주리라는 걸 약속하마."

개양귀비 꽃의 까만 씨가 십자가 모양을 하고 있어서, 그곳 사람들이 '신부님꽃'이라고 따로 이름 붙여 유난히 사랑한다는 사실은 나중에 알게 됐어요. 그래서 눈길이 닿는 곳마다 얇은 그 꽃잎이 바람에 너울거리고 있었던 거로구나. 그 꽃의 값을 짧은 글 속에나마 담았으니 나도 내 값은 한 셈이 아니었을까요.

꽃값 열여덟

 지난주 일요일이었나요. 장충동에 있는 수도원에서 미사를 드리고 나와 동행한 이와 함께 건널목에 서서 신호가 바뀌기를 기다리고 있을 때였어요. 건너편 화단에 핀 주황색 나리 몇 송이가 눈에 확 들어오더군요. 그리고는 그 선명한 아름다움이 갑자기 무슨 예시처럼 다가오는 거였어요.

 삼십 년 전 어머니가 돌아가던 때가 바로 유월이 시작되는 이 무렵이었고, 그걸 앞서 일러주기라도 하듯 친정집 마당에서는 주황 나리가 피어났던 기억이 살아났기 때문이었을까요. 겨울에 고혈압으로 쓰러진 어머니는 조금 나아지는 기미를 보이다가 재출혈이 일어나면서 회복이 어려운 지경이 되었어요.

병실을 오가다가 집으로 모셔왔을 때는 의식 없이 누워만 있는 상태로 몇 달을 갔지요. 마침 봉오리가 맺히더니 얼마 안 있어 주황색으로 피어나는 화단의 나리꽃을 희망의 전조로 받아들인 건 그래서였고요. '저 꽃이 어머니의 의식을 깨워 줄지도 몰라.'

하지만 얼마 지나지 않아 어머니는 영영 깨어나지 못한 채 떠나고 말았어요. 주황 나리가 소망의 이루어짐이 아니라 나락으로 떨어지는 절망이었음을 알고 나서는, 오히려 그 꽃의 피어남이 원망스럽기까지 하더군요. 꽃을 반기던 주인이 이제 없으니 너희는 다시 피지 마라 하는 독한 말을 내뱉을 정도로요.

어머니가 안 계신 곳은 이미 틈만 나면 달려가고 싶은 친정이 아니어서, 그 후로 나리꽃이 또 피었다 졌는지는 모르겠어요. 아내와의 시간을 그 집에서 안고 살기가 힘겨웠던 아버지가 이 년이 지나서 마당이 없는 아파트로 거처를 옮긴 탓도 있겠지요.

그런 기억 속에 남아 있는 주황 나리이기는 했지만 그동안 다른 곳에서 마주친 적이 아예 없지는 않을 텐데, 그날따라 왜 유독 예고의 빛깔로 다가왔을까요. 며칠 지나지 않아 가까운 이의 어머니가 눈을 감았다는 연락을 받고 나니 그대로 맞았다는 사실이 놀라웠어요. 나를 비롯한 딸의 벗들에게 살갑게 대해주던 분이라 보내드리는 마음을 표하고 싶었어요.

"지난 일요일 수도원 미사 후, 길가 화단에서 만난 주황색 나리꽃. 앞당겨온 여름의 표상 같은 그 꽃의 선연함이 유월 초입에서 카타리나 어머님이 떠나신다는 슬픈 전언이었군요.

온 집안이 울리도록 전화벨 소리 크게 해놓아도 아니 받으신다고 늘 서둘러 가던 따님. 괜찮으시냐는 인사말 대신 한 번이라도 찾아뵐 것을. 딸들은 왜 하나같이 가신 뒤에 이럴 걸 하는 못난이들일까요.

댁에 가서 점심 먹었던 몇 년 전 봄날 이후로 어느샌가 우리의 어머님이 되셨던 분. 잘들 있느냐고 항상 물으세요. 어머님 걱정에 따님이 그리도 기다렸던 순례를 접어야 했을 땐 그게 맞는 거라고 안타까운 위로도 함께 했었지요.

어머님이 문간까지 겨우 나와 염려 말고 다녀오라 하셨다는 오월 끝자락 성모의 밤. 성모님의 머리엔 장미 꽃관이 씌워지고 묵주 기도와 함께 손에 든 촛불이 물결처럼 일렁였어요. 수도원 뜰의 아름다운 저녁 풍경이 마지막 주신 선물이었음을 이제야 깨닫다니요.

혹여 잠결에 주황색 나리꽃이 핀 들판에서 평생을 기다리던 성모님 목소리 듣고 반가워 따라나서심에, 마지막 한 마디도 남기지 않고 가신 건 아닌지요. 울 엄마는 꽃이라면 양말의 꽃무늬까지 좋아하셨는데.

작은 한 가지는 약속드릴 수 있어요. 해마다 이맘때 올해처럼 나리꽃이 또 서둘러 피면 하늘 어머님께서 짬내서 찾아오신 줄로 알아, 내 딸이 어디 있나 하고 두리번거리실 만큼 밝은 얼굴의 따님과 한데 어우러져 있으리라는 것.

그러니 고단한 내 딸의 손발은 누가 주물러주나 하

시던 걱정은 멈추시고, 차마 떨어지지 않은 발걸음 옮겨 천사의 나팔 소리가 꽃으로 화하는 그곳으로 편히 드세요. 따님의 벗들이 이렇게 눈물 뿌리며 고개 숙여 배웅해 드릴게요."

장례 미사에 가서 그분의 관 앞에 고개 숙인 뒤 짤막한 글을 읽으며 깨달았지요. 어쩌면 이 어머님만을 위해서가 아니라, 오래전에 경황없이 가시게 한 내 어머니에 대한 예를 뒤늦게나마 올리고자 한 것인지도 모르겠구나.

이어서 드는 생각은 오래전에 피었던 주황색 나리의 예시를 이제야 비로소 있는 그대로 받아들이게 된 건 아닐까 하는 거였어요. 나중에 들으니 그 자리에 있던 사람들 중 여럿이 자기 어머니를 떠올리며 눈물을 훔쳤다고 하더군요.

정말 긴 시간이 지나서야 그 꽃과 화해를 한 느낌이었어요. 꽃 이야기를 글에 담다 보니 가끔은 꽃과의 교감이 이루어졌다 여길 때가 있었어요. 이번엔 그걸 넘어서 앞으로 일어날 일에 대한 암시까지 받았으니 주황 나리가 지닌 신비한 꽃값으로 여겨도 될는지요. 그날 이후로, 가실 때의 마지막 힘겨운 모습으로만 기억되던 나의 어머니가 그 꽃의 환한 빛깔로 바뀌어 자리하게 된 것 또한 놀라운 일이었으니까요.

꽃값 열아홉

 새벽꿈에 은빛을 띤 작약을 만났어요. 수시로 내려가곤 하는 남녘 수도원 깊숙한 곳에 자리한 작약 꽃밭에 서였어요. 해마다 오월이면 진자줏빛과 연자줏빛과 흰빛의 작약이 만발해 탄성을 자아내게 하는 곳이었지요.

 올해는 직접 보지 못해 아쉬워했더니, 그것에 사는 지인 수사님이 흰빛 작약을 찍어서 보내 주었어요. 그걸 받고는 향기까지 맡아지는 듯하다고 답을 했는데, 그 기쁨이 꿈속까지 따라왔던 모양이에요.

 진자줏빛 작약과 연자줏빛 작약 사이로 흰빛 작약이 드문드문 피어있는 걸 보며 좋아하고 있노라니, 문득 은빛 작약 한 송이가 눈에 띄는 거였어요. 처음엔 잘 못 보았겠지 했는데 눈을 비비고 다시 봐도 은빛이 맞더군요.

작약은 늘 가슴 뛰게 하는 꽃이었지요. 들여다보고 있노라면 불꽃을 닮은 듯해서요. 봉오리일 때는 동그랗고 단단하게 뭉쳐 있다가 한 겹 한 겹 겉 꽃잎이 벌어지기 시작하면, 불꽃을 닮은 속 꽃잎들이 셀 수 없이 올라오곤 했어요. 그 꽃이 지닌 열정이 내게로 옮겨왔으면 좋겠다고 소망한 때도 있었지요.

그런 꽃잎이 은빛을 내는 건 꿈에서도 가슴 뛰게 하는 환희였어요. 머리가 흰빛으로 변하면서부터는 은빛이 지닌, 그야말로 은은한 깊이에 매료되기 시작했으니까요. 묵주 반지와 팔찌를 은으로 된 것으로 바꾼 것도 그래서일 거예요. 물론 그런다고 내면의 깊이가 더해지는 건 결코 아니겠지만요.

나무로 울타리가 쳐진 꽃밭 안으로 들어가 은빛 작약의 꽃잎에 손을 대보려는 순간, 아쉽게도 자명종 시계의 울림소리에 깨고 말았어요. 하지만, 강한 여운은 정말 그 작약을 보기라도 한 양 온종일 가슴에 남아 있는 거였어요. 그러다 저녁 무렵이 되었을 때, '은빛'이 오래전부터 내 안에 자리해 있었다는 걸 알게 되었지요.

"새야, 아직도 너는 새장을 너의 우울한 성(城)이라고 여기니. 날갯짓을 막아버리고, 사는 일마저 멈추게 만드는. 하지만 날개를 접어 웅크리고 깊이 흐느껴 보렴.

날개는 두고 날개만으로 날아가는 길, 은빛 나는 또 하나의 길을 찾게 될 테니 꼭. 그리하여 새장은 어느새 네 영혼에 실리게 되고, 우울한 성(城)보다 네가 커있음을 보게 될 테니."

언제부턴지는 모르겠으나 그리도 갈망하던 은빛 길이 은빛 작약으로 화해 다가온 거라면, 은빛 나는 꽃의 이야기를 끝까지 써내야 하는 것. 그게 나 스스로에게 다짐시키는 한마디가 되겠네요. 그래야 은빛 작약이 그 값을 다할 수 있을 테니까요.

그렇게 긍정적인 쪽으로만 말을 맺으려니, 새장에 머물지 못하고 새장 밖으로 나가고자 하는 몸부림을 영혼의 은빛 길로밖에는 그릴 수 없었던 날들의 고통이 서글픔으로 다가오는군요. 뭐가 얼마나 힘들었으면 젊은 날에 저런 체념적인 결론을 품어버린 걸까 하고요. 딱하게도 그런 흔적들이 몸에 남아 있기도 하니까요.

지난해 갔던 독일 수도원 성지순례 때였나요. 베네딕도 보이에른 수도원에서 베네딕도 성인의 오른팔 유해를 만났지요. 팔꿈치에서 팔목까지로 여겨지는 부분이 길쭉한 성해함에 모셔져 꽃가지 모양의 장식으로 가려진 형태였어요.

그 둘레에는 녹색과 자주색과 보라색의 보석들이 줄지어 박혀있고, 그 윗부분에 완전히 펴지지 않은 모양으로 만들어진 오른손이 올려놓아져 있었어요. 그 팔 앞에 엎드리며 입에서 나온 나의 기도는 퍽이나 간절한 거였지요.

"당신 오른팔의 힘을 내게도 좀 나누어 주시면 아니 되나요. 컴퓨터로 글을 쓰는 시대에 살면서도 노트에 연필로, 그것도 오른손으로밖에는 쓰지를 못하니 그것만은 끝까지 유지할 수 있도록 도와주세요."

정작 그 기도를 싣고 싶은 건 오른 손목이 아니라 왼 손목일지 모른다는 사실은 나중에야 인식했어요. 칼로 그은 상처가 아문 흔적이 서너 줄은 되는 까닭에 시계를 오른 손목에 찰 수밖에 없는 나였으니까요. 시곗바늘을 움직일 때 쓰는 꼭지가 그 흉터에 닿으면 콕콕 쑤셔서 바꾸어 차기 시작한 지가 벌써 삼십 년이 넘었어요.

그 무렵엔 도무지 받아들여지지 않는 것들과의 싸움에서 지쳤다고 여겨지면 왜 손목에 피를 내는 방법으로 탈출구를 마련하곤 했는지요. 죽으려는 생각은 분명 아니었어요. 다만 손목을 그어 방울방울 솟아나는 피를 보고 있으면 꽉 막힌 머릿속에 아주 작은 창문이나마 생기는 것 같았거든요.

그 왼 손목에 팔찌를 하고 싶다는 생각이 든 건 몇 년 전이었어요. 많이 흐려지기는 했어도 여러 줄의 흔적이 남아 있는 그 손목이 들끓었던 젊은 날의 아픈 기억 같아서, 그냥 수수한 은팔찌라도 하나 걸어주며 달래주고 싶은 심정에서였지요. 예전의 아픈 기억을 떠올리고 나니, 꿈에서 만난 은빛 작약은 그때 이미 위무의 의미를 담은 값으로 와있었는지도 모르겠다는 생각이 불현듯 드는군요. 더 시간이 지나 그 꽃마저도 지는 날이 오면, 나는 나 스스로 치유 능력을 지닌 아무런 빛깔이 없는 꽃 한 송이로 피어나 있겠지요.

꽃값 스물

 내 거처가 지닌 값의 으뜸이라고 해도 될 그 꽃의 동산은 비탈진 언덕 전체가 빨간 영산홍과 진분홍과 연분홍의 철쭉으로 뒤덮여 있었어요. 거기에 드문드문 섞여서 핀 하양과 진노랑의 철쭉까지 더해, 늦봄의 절절한 바람이 이루어낸 꽃 무리의 풍경이었지요.

 꽃나무의 키가 사람의 어깨를 넘는 게 대부분이라, 그 사이로 난 길을 오가는 이들이 꽃에 묻혀 아예 또 다른 철쭉으로 피어나고 있는 듯했어요. 철쭉과 인파가 한데 어우러져 만들어내는 꽃의 축제라는 것밖에는 달리 표현할 말이 없을 정도였고요.

게다가 꽃이 피어나기 한참 전부터 거리에는 '철쭉제'를 알리는 현수막이 걸리고 가로등 여기저기에 깃발이 나부끼고, 철쭉 동산을 향하는 길목엔 빨강과 파랑의 초롱까지 걸리는 바람에 도시 전체가 축제의 분위기로 물들곤 했어요.

그게 점점 알려져 늦봄 축제의 하나로 자리잡게 되자 다양한 행사까지 열리는 기간에는 그 떠들썩함이 대단했어요. 철쭉이 만발하는 언덕 옆 공원에는 먹거리 포장마차가 늘어섰고, 차가 통제된 그 앞 도로 또한 놀이 공간으로 변하기도 했어요.

당신은 알 거예요. 내가 얼마나 사람 오는 걸 싫어하는 성격인지요. 집은 물론 근처에 오겠다는 것도 마다하는 바람에 언짢은 적도 있었잖아요. 그랬던 내가 철쭉의 축제를 지인들에게도 보여주고 싶다는 생각을 하게 됐다면 믿을 수 있겠어요.

내가 물주거나 따로 보살핀 적 없는데도 그리 활짝 피어나준 철쭉꽃들 덕분에 그 기간 내내 "어마어마하게 피어난 우리 동네 철쭉을 보러 오시지 않겠어요." 하는 초대의 말을 입에 달고 지내게 됐다면 말이에요.

수리산역에 내린 이들을 철쭉 동산으로 안내할 때면, 마치 내 소유의 대단한 장소를 보여주러 가는 것처럼 뿌듯했어요. 한참 자랑을 늘어놓은 뒤 감탄이 터져 나오는 걸 듣노라면 영락없이 내가 가꾼 꽃동산을 보여준 듯한 느낌이었다니까요.

돌아가는 길에 다들 십 년치 철쭉을 오늘 다 보았네요 라는 말을 남기는 걸 보면서는 한 해의 숙제를 잘 마친 것 같은 느낌이 들기도 했고요. 이어지는 한마디는 '저 꽃들로 하여 가진 것 별로 없는 내가, 나눌 게 있는 삶이 되었구나.' 하는 깊은 감사였어요.

한데 올해는 그럴 수가 없었어요. 처음 접하는 바이러스의 침공으로 일상이 무너지기 시작하더니, 사월 중순쯤 기어이 철쭉동산을 폐쇄한다는 기사가 뜨고 말았거든요. 당연하다고 여겨온 철쭉의 축제가 철쭉꽃의 만개와는 상관없이 중단이 된 거였지요.

축제를 알리던 현수막과 깃발과 초롱 대신에, 곧바로 '출입금지'라는 팻말과 함께 철쭉동산을 향하는 길목마다 노란색 줄이 쳐지고 말더군요. 마음만 먹으면 언제든 자유롭게 오르내리던 철쭉꽃 길에 갑자기 문이 생겨 닫혀버린 거였어요.

그러는 동안 아침저녁이 다르게 피어난 철쭉은 드디어 꽃무리의 장관을 이루었고, 그걸 한참 떨어져서 바라만 보아야 하는 아쉬움의 눈빛만 오갔어요. 철쭉의 만개를 예상하며 초대한 지인들에게 불가함을 어렵사리 알려야 했고요.

늦은 오후가 되면 혼자 가서는 출입금지 선 밖에서 유난히도 고운 꽃의 자태를 물끄러미 바라보다 돌아서곤 했어요. 하루는 폐쇄 기간을 알리는 현수막에 쓰인 "○월 ○일부터 상황 종료시까지."라는 문구에 눈길이 닿았어요. 그게 언제가 될까 헤아려 보니, 그건 다름 아닌 철쭉꽃이 모두 지는 때를 말하는 거였어요.

언덕이 철쭉꽃으로 뒤덮이는 기간이 지나면 무수한 꽃송이들은 다 어디로 자취를 감추는지 초록빛 이파리의 비탈일 뿐이었으니까요. 그러다 잎마저 떨어지고 갈색 가지만 남아 때론 눈을 뒤집어쓰면 그 어디에서도 철쭉의 흔적은 찾을 수가 없었지요.

"멀리서 보아야 예쁘다, 철쭉꽃도 그렇다." "활짝 핀 철쭉꽃이 아쉬워도 내년에 다시 만나요."라는 다른 현수막의 글귀들은 철쭉꽃을 보러 몰려드는 사람들의 접촉을 막기 위한 안간힘으로 보여 안쓰러움과 씁쓸함을 함께 안겨주었어요.

한데 말이에요. 그런 마음으로 철쭉꽃을 향해 다시금 눈길이 갔을 때, 왜 '철쭉동산의 안식년'이라는 말이 불현듯 떠오른 걸까요. 저들은 어쩌면 올해 우리의 멈춘 발길에 오랜만에 편한 숨으로 자기들끼리만의 축제를 지내고 있는지도 모르겠구나.

매년 이맘때면 해가 져도 끊이지 않는 사람들의 발걸음과 감탄사로 하여 잠조차 편히 들지 못하며 버텨왔는지 모른다는 생각마저 들어, 미안했다는 말이 저절로 나왔어요. 초대를 못 한다고 했던 아쉬움의 말이 오히려 다행스럽게 여겨지더군요.

철쭉동산의 이 뜻하지 않은 안식년이 두려운 바이러스의 침공을 빨리 종식시켜줄 힘이 되어줄 수는 없을까 하는 바람을 품어본다면, 그동안 철쭉의 피어남만을 반색했던 것에 비해 너무 염치없는 얼굴이 되지는 않을까요. 이제야 비로소 철쭉의 진정한 값을 헤아리게 된 건지도 모른다는 생각이 들었다면 말이에요.

꽃값 Ⅲ

꽃값 스물하나

 어제는 매우 특이한 날이었어요. 아침에 눈을 떠서부터 일기를 쓰고 잠자리에 들 때까지 줄곧 한 가지 꽃만을 생각했으니까요. 아니, 그 꽃이 저를 놓아주지 않았다는 표현이 더 맞겠네요. 시작은 여고 동창들의 단체 모임방에 올라온 세 장의 사진과 짤막한 글이었지요.

 분홍빛에 보랏빛을 더해 연한 보랏빛을 띤 앵초꽃을 작게도 크게도 찍은 거였는데 더할 수 없는 청초함이 느껴졌어요. 작은 바위 옆에서 올라온 꽃대마다 다섯 장의 꽃잎을 지닌 꽃이 하나씩 달려, 대여섯 송이가 동그라미를 이룬 모양새가 정겹게 보였고요.

친구들이 산책길이나 여행길에서 만난 꽃을 찍어서 올리는 일이 아침저녁으로 반복되고 있었던 터라, 야생화에 가까운 앵초꽃을 누가 어디서 만난 걸까 하며 잠이 덜 깬 눈으로 들여다봤어요. 한데 사진 밑에 달린 글귀를 보고는 어찌나 놀랐는지요.

"정원이가 준 책에서 앵초꽃을 처음 알게 되었어. 그래서 몇 년 전에 구해다 심어놓은 아이가 꽃을 피우기 시작했어. 그러기에 이 꽃은 앵초라는 이름과 정원이라는 이름도 함께 지니고 있지. 그 정원이가 올해도 어김없이 꽃을 피웠기에 이렇게 전하는 거야."

내가 꽃을 글에 담으며 산다는 걸 친구들이 알고 있기는 했지만, 난데없이 내 이름을 단 꽃이 생겨났다니요. 더구나 강원도 횡성군 둔내면에서 살아 둔내댁이라고도 불리는 그 친구와는 딱히 가까이 지낸 기억도 없는데 어떻게 그런 마음을 먹었을까요.

가만히 뒤돌아보니 『앵초꽃 사랑』이라는 책을 전한 건, 졸업 삼십 주년을 기념하는 행사 때였어요. 아주 오랜만에 모인 터라 그동안 연락을 하고 지낸 친구들

말고는 이름도 얼굴도 낯설기만 했지요. 나누어줄 선물을 준비해온 친구들도 여럿 있었기에, 나는 마침 그 무렵에 낸 꽃수필집이 있어 한 권씩 돌렸어요.

그게 벌써 십오 년도 더 지난 일인데, 그 책에 담긴 내용을 보고 앵초를 구해다 심어 꽃을 피우고 그 꽃에 내 이름을 달아 해마다 기억한다는 사연을 전하다니요. 나도 모르는 사이에 내 이름의 꽃이 피고 졌다니요. 그런 일이야 일어나지도 않겠지만, 어느 식물학자가 새 품종의 꽃을 발견해 나의 이름을 붙였다 해도 그렇게 놀랍지는 않았을 거예요.

한편으로는 기쁘고 한편으로는 좀 당황스럽기도 해서 안절부절못하다가 그대로 있을 수는 없겠다는 생각에 댓글을 달았어요. "너무 놀랍고 고마워서 어떤 답을 해야 할지 모르겠어. 너의 뜰에서 앵초꽃이 나의 이름을 달게 된 이야기는 꽃글에 담아서 보낼게."

그리고는 늦은 오후가 되어 집 근처에 있는 초막골 생태공원에 갔다가 찻집 옆에 놓인 화분에서 같은 모양새의 앵초꽃을 만난 거예요. 여러 종류의 꽃을 심어놓은 큼지막한 화분의 한 귀퉁이에서 연보랏빛 앵초꽃 몇 송이를 발견하는 순간 숨이 멎는 것 같았지요.

마치 보이지 않는 어떤 손길이 한참을 잊고 있었던 앵초꽃의 의미를 내 안에서 다시 살려내고 있는 듯한 느낌이 들었으니까요. 한번 글에 담은 꽃은 그 부담감에서 벗어나 자유로워지는 까닭에 그 뒤로는 그냥 꽃으로만 대할 수 있어 아주 편했거든요. 찬찬히 기억의 발걸음을 돌려 보니 「앵초꽃 사랑」이라는 글 속의 내용이 되살아나더군요.

"해마다 봄이면 앵초꽃 화분을 안겨주는 꽃집 아저씨가 있다. 근무하는 학교 근처에 있는 그곳에 들러 앵초꽃이 있느냐고 물은 게 인연이 됐다. 하지만 아저씨가 전해주는 건 '프리뮬러'라는 서양 앵초로 키는 작지만 이파리와 꽃이 모두 야생 앵초보다 컸다.

앵초꽃이 '행복의 열쇠'라는 꽃말을 지닌 데는 사연이 있었다. 어느 마을에 병든 어머니를 모시고 사는 리스페스라는 예쁜 소녀가 살았다. 그녀의 어머니는 꽃 중에서도 유난히 앵초꽃을 좋아했다. 병이 깊어지면서 그 꽃을 꼭 한 번 보고 싶어 하는 어머니를 위해 추위를 무릅쓰고 여러 날 눈밭을 헤매다녔으나 소용없는 일이었다.

그런 그녀 앞에 앵초꽃으로 머리를 단장한 님프가 나타나 앵초꽃 한 송이를 뽑아주며, 조금 더 가면 나타나는 성문의 열쇠라고 했다. 열린 성 안에서 만나게 된 왕자는 보석이 가득한 방과 어떤 병도 고칠 수 있는 약이 있는 방으로 안내했다. 주저없이 약이 있는 방을 선택한 리스페스가 왕자와 함께 가서 어머니를 구한 건 물론이었다.

내가 만일 그녀였다면 한치의 흔들림도 없이 그런 선택을 할 수 있었을까 하는 생각이 문득 들었다. 행복의 열쇠라는 앵초꽃 한 송이를 얻는다면, 과연 어떤 행복에 대한 욕심도 내지 않고 가장 절실한 하나를 고를 수 있을지 말이다."

어느새 어둑어둑해진 길을 걸어 집으로 돌아와서는

일기장에 그때와 똑같은 질문을 던진 걸 보면, 아직도 나는 그럴 자신이 없는 걸까요. 지하철 요금을 내지 않아도 되는 카드를 받아든 나이가 되어서도 즉시 답을 못 한 채 머뭇거리고 있으니, 앵초꽃이 다시금 내게로 온 건 그 값을 일깨워주기 위함이 아닐는지요. 이 나이가 되면 필요에 대한 갈구가 사그러들 거라고 여겨온 믿음이 부끄러워지는 하루이기도 했어요.

꽃값 스물둘

 지금은 책장에 꽂혀 있는 묵은 책과 같은 존재로 남은 그들에게서 이런 도움을 받게 될 줄은 정말 예상치 못했어요. '한글 문학의 세계화'라는 주제로 열리는 세계 한글 작가대회에 토론자로 참석해달라는 연락을 받은 뒤 무엇을 어떻게 말해야 하나 하는 걱정에 머리가 한동안 무거웠거든요.

 내게 주어진 '한글 교육의 국제화를 위한 한글 교육의 구성과 내용'이라는 주제문을 여러 차례 읽다가 문득 떠오른 것이 그들과 지낸 기억이었지요. 이런 기회가 자주 오는 것도 아니라, 이십 년 넘는 기간 동안 내가 가졌던 생각을 담담하게 말하자는 쪽으로 방향을 정하니 부담감이 한결 줄어드는 거였어요.

"중학교 국어 교사로 재직하는 동안 수업의 첫 시간이면 'ㄱ(기역)부터 ㅎ(히읗)'까지 그 명칭을 쓰게 하고는 했어요. 열네 자를 모두 정확히 쓰는 학생은 거의 없었지요. 바로잡아 주면 첫소리가 끝소리, 즉 받침으로 들어간다는 사실을 알고는 신기하다는 듯이 고개를 끄덕였어요. 거기에 세종대왕께서 직접 쓰신 '나랏말쏘미' 부분을 들려주고 최선을 다해 그 의미를 알려주면 매우 진지한 표정으로 바뀌던 것 또한 기쁨으로 남아 있어요.

국어라는 과목은 다른 과목과 달리 실용과목으로서의 역할을 해야 한다는 생각을 늘 가지고 있었어요. '말하기와 듣기'는 말할 것도 없고 '쓰기와 읽기'는 우리가 삶을 영위하는 데 있어 매우 필요한 표현과 이해의 수단이니까요.

따라서 국어 시간에 그런 부분을 학생 개개인이 좀

더 습득할 수 있어야 한다고 여겼지요. 하지만 단위수가 높아 일주일에 다섯 시간이 주어짐에도 불구하고 정해진 진도를 맞추다 보면 그럴 만한 여유가 없었어요. 그와 더불어 국어는 시험을 볼 필요가 없는 과목이어야 하지 않을까 하는 회의도 수시로 들곤 했고요.

그런 면에서 일말의 성과를 거둔 게 있다면 '문예반'이었어요. 학기 초에 특별 활동반을 정할 때면 인원수를 확보하기 위해서 늘 애를 먹는 반이라, '문예반에 오면 쓰기보다는 노는 시간이 많을 거다.'라는 말로 회유하기 일쑤였지요.

실제로 한 달에 한 번 특별활동이 이루어질 때마다 박물관과 영화관에 가거나 인사동 거리에서 마음에 드는 간판 이름을 적어서 내기 등을 했어요. 그러다가 백일장 대회나 작품 응모가 있을 때만 글을 쓰도록 했어요. 쓴 작품에는 전혀 손을 대지 않는데도 입상 결과는 기대 이상이었어요. 문예반은 즐거운 반이라는 생각이 가져온 결과가 아닌가 싶었어요.

잊혀지지 않는 일화는 서대문 형무소 역사관에 갔을

때였어요. '함께 가는 다른 반은 사복 입는데 왜 우리 반만 교복을 입어요.'라는 질문에 '그곳이 어떤 곳인데 예의를 지켜야지.'라고 답하자 입을 내밀었던 학생들이, 다 돌아보고 나와서는 다른 반 친구들에게 '이곳이 어떤 곳인데 너희는 그게 뭐냐. 우리처럼 교복을 입어야지.' 하는 거였지요.

한글로 글을 쓰는 문예반이라는 자긍심이 그렇게 뿌리내리고 있음을 확인하는 듯해서 감동이 밀려온 순간이었어요. 그처럼 한글 학습이 즐거운 삶의 놀이로 인식될 수 있는 방안에는 또 무엇이 있을지 여쭙고 싶어요. 이제는 사십을 바라볼 그 친구들에게 오늘 이 대회의 자랑스러움을 전할 수 있었으면 좋겠다는 바람을 가지며 마치도록 할게요."

발표를 하는 동안 긴장을 한 탓에 발음이 한두 군데 꼬이기는 했지만, 비교적 정확하게 의견을 전달할 수 있어서 다행이었어요. 반응도 괜찮은 편이라 뿌듯했고요. 그러고 나니 그들과 함께했을 때의 내 별명이 '엉겅퀴 선생님'이었던 게 새삼 떠오르더군요.

일주일 내내 내가 맡은 국어시간을 빼면 여자 선생님이라고는 만날 수 없는 분위기라, 의도적으로라도 나는 이파리에 가시가 있어 따가운 엉겅퀴를 닮을 수밖에 없었으니까요. 수업을 시작하기 전에 가끔, 특히 비가 내리는 날이면 꽃의 전설을 들려주곤 했는데 한 번은 엉겅퀴에 관한 이야기를 했었어요.

로마와 카르타고가 싸웠던 포에니 전쟁 때 평소 자기 무훈을 자랑하지 않던 시슬 장군만이 끝까지 남아 싸우다가 적의 화살을 맞고 전사했는데, 그 무덤에서 피어난 꽃이 붉은 보랏빛 엉겅퀴라는 내용이었지요. 다 듣고 난 뒤 한 친구가 "선생님도 가시가 있는 엉겅퀴를 닮았어요."라고 하자 모두 고개를 끄덕이는 바람에 생겨난 호칭이었지요.

그 친구들을 머리 하얀 모습이 된 지금 교실에서 다시 만날 수 있다면 이렇게 말해줄 수 있을까요. 엉겅퀴와 흡사하지만 이파리에 가시가 없는 '뻐꾹채'라는 꽃을 나중에야 알게 되었다고요. 연륜이라는 걸 조금은 품게 되었으니, 이제는 뻐꾹채 같은 부드러움만으로 대할 수 있을 거라고 말이에요. 그럴 수 있다면 그게 바로 따가움이 없어도 무방한 그 꽃의 값이 되어 주지는 않을까요. 정말 교실에서 만났던 그들이 그리워지는 시간이었어요.

꽃값 스물셋

 인천 배다리 책방 길 언덕에서 만났던 백일홍 꽃밭을 다시금 기억나게 한, 중고등학교를 함께 다닌 친구. 그녀가 간 지 벌써 일 년이 되어오는군요. 그날을 기억하며 꼭 미사 올리겠다고 눈물로 한 약속을 첫 번째로 지켜야 할 때인 거예요.

 그녀는 학교 다닐 때도 친한 사이가 아니었어요. 하긴 늘 혼자 다니기 일쑤였던 나는 비단 그녀만이 아니라 그 누구와도 소통을 하고 지낸 적이 거의 없어요. 졸업 삼십 주년 모임 때도 유일하게 안부를 묻고 지내던 친구가 연락을 해줘서 참가를 했지요.

그러다 보니 친구들을 만나도 낯설기 그지없어서, 누구야 누구야 하고 이름을 부르기는커녕 말을 놓기도 쉽지 않았어요. 그런 나에게 스스럼없이 다가온 친구가 그녀였지요. 처음 마주쳤을 때 "나 로미오야, 반가워." 하며 손을 내밀었거든요. 쾌활한 목소리로 중학교 연극제때 내가 로미오 역을 했잖아 하고 덧붙이기까지 하면서요.

한데 그녀에게서 전혀 예상치 않은 전화가 온 건 몇 년 전 늦가을 저녁이었어요. 여느 때와는 영 다른 분위기의 목소리가 들려오더군요. "나 췌장암 말기 진단을 받았어. 어떻게 해야 할까." 바로 간호사 출신 지인에게 도움 될 말을 구했지만 암담한 답뿐이었어요.

그 후로 좋은 결과를 기대할 수도 없는 수술을 하고 항암 치료를 하고, 그것도 어려워져 신약을 투여하며 버티는 시간들이 이 년 넘게 흘러갔어요. 더할 수 없이 고마웠던 건 내 남편의 십 주기를 기리는 의미로 마련한 전시회 겸 출판기념회에 와주었다는 거예요.

복수가 차서 불룩한 배를 길고 넓은 스카프로 가리

고는, 전혀 아프지 않은 사람의 웃음으로 오히려 친구들을 기분 좋게 했지요. 그리고 이듬해 장충동 수도원 모임 때는 "정말 가고 싶은데 몸이 힘드네." 하며 문자로 참석을 해주었고요.

그녀가 눈을 감은 건 몇 달 후인 겨울의 초입이었어요. 힘들 것 같다고 해서 달려간 아침에는 남은 식구들을 걱정하며 손잡고 기도까지 드렸는데, 다음 날 눈을 감았다는 소식이 전해지고 말았어요. 결국 마지막 얼굴을 보고 온 거였지요.

도저히 그대로는 있을 없어서 추모의 글을 썼고, 그녀가 다니던 성당에서 치러진 장례미사 중에 읽었어요. 중앙 통로 양옆으로 늘어선 레지오 마리애 깃발이 그녀의 본당 활동을 알 수 있게 해주더군요. 울지 않고 끝까지 읽을 수 있었으면 하는 내 마음을 헤아린 한 친구가 옆에서 등을 두드려주기까지 했지요.

"명숙 데레사야, 오늘 겨울비 내리는 날. 지난 삼 년 지독한 아픔 속에서도 오히려 우리에게 활기를 안겨주던 너를, 차마 그냥 보낼 수 없어 울지 않으려 입술 깨물며 인 일 친구들의 마음을 대신 읽는다.

그저 쌓여 있는 책들이 좋아 오가던 배다리 책방 길 근처 둔덕에서 색색가지 백일홍이 모여 핀 꽃밭을 보고 환호한 건 작년 시월이었지. 한 친구의 책방에서 작은 음악회가 열리던 오후였어. 키가 제각각인 그 꽃들의 얼굴이 일제히 하늘로 향한 걸 보며 꼭 우리, 한 반 한 학교 친구들 같다고 하지 않았었니.

나흘 전 송년회 전날 밤에 네가 올린 짤막한 글, '그동안 친구들아 고마웠어, 다음엔 꽃 마당에서 만나.' 했던 그곳이 바로 그 백일홍 꽃밭은 아니었을까. 성호를 그으며 함께 기도까지 한 네 눈빛이 다음날 갑작스레 꺼졌다는 말을 듣고는, 전에 함께 갔던 왜관 수도원 뜰의 성모상을 안은 모습이 떠올라 그 어머니의 돌 치맛자락이라도 두드리며 왜냐고 하소연하고 싶었어.

그러나 목숨은 소망도 의지의 문제도 아니어서, 하늘 꽃밭에 그 누구도 아닌 네가 꼭 필요하셨나 보다고 위안을 삼을 수밖에. 십이월이지만 가톨릭 전례력으로는 벌써 새해이니 너는 어쩌면 기다림 없이 그분 곁으로 갔을지 모른다고 말이야. 연극제에서 훤칠한 모습으로 로미오 역을 맡았던 너는 그곳에서도 키 크고 탐스러운 한 송이 백일홍으로 피어 사랑받겠지, 분명히.

그러니 명숙 데레사야. 남은 이들 걱정에 주춤거리지 말고 넘어지지 말고 곧장 그분께로 향하렴. 매일은 아니어도 우리의 모임 시간에는 항상 너를 가운데 두고 기억하리라는 약속만은 남길게. 안녕, 안녕. 끝까지 빛났던 이일 십이 기의 쾌활한 로미오야. 정말 잘 가렴."

다 읽고 났을 때 나도 친구들도 모두 눈시울이 붉어져 있었지요. 유골함이 봉안되는 것까지 보고 돌아온 이틀 뒤, 그녀는 내 꿈에 왔어요. 회색 망토가 달린 옷과 모자의 멋진 차림으로 '나 갈게.' 하며 손을 흔들더군요. 그러니 해마다 떠난 날이면 미사 올리며 생각해주는 게, 함께 보았던 배다리 백일홍의 안타까운 꽃값이 되어주지는 않을까요.

꽃값 스물넷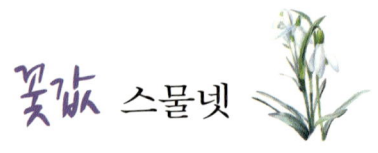

 아픔이라는 말과 슬픔이라는 말 중에 어떤 게 더 깊은 상처를 표현하는 말이 될까요. 아픔이 눈물이 되어 흐를 때 비로소 슬픔이라는 표현을 쓸 수 있는 건 아닐까요. 가슴을 찢는 듯한 아픔을 참아가며 딸의 장례미사를 드리는 분을 뵌 건 지난 여름이었어요.

 출산을 한 지 일주일이 채 안 되어 유치원 교사였다는 그분의 딸이 숨을 거두었다는 소식이 전해진 건 이틀 전 새벽 무렵이었지요. 왜관 수도원에 속한 봉헌회 회원의 가족이라 그게 사실이냐고 재차 확인을 할 정도였어요. 더구나 그분들은 몇 년 전에 이번에 잃은 딸의 언니인, 입양해서 키운 딸을 백혈병으로 잃었거든요.

그때도 아픔을 나누며 장례미사에 참석을 했었는데, 또 한 번 같은 빛깔의 장례미사를 지내야 한다는 사실에 다들 어찌할 바를 몰랐어요. 그 무너지는 가슴에 지켜보는 사람들의 위로가 무슨 도움이 될까 하면서도, 글쟁이인 내가 할 수 있는 거라고는 보내는 글이나마 써서 낭독해주는 일이 아닐까 싶었어요.

전에도 그런 적이 몇 번 있었거든요. 기쁜 일에는 인사를 놓치더라도 슬픈 일에는 반드시 참석해 눈빛으로라도 함께 해야 한다는 게 살아오면서 터득한 가장 깊은 배움이기도 하니까요. 그럴 때마다 추모글을 써서 읽겠다고 나섰다가 위로는 고사하고 슬픔만 더하는 게 아닐까 하다가도 결국은 조심스럽게 허락을 받고는 했었지요.

한 집에서 모시고 살던 어머니를 여읜 분을 위해서는 '주황 나리꽃'으로 피어나시라는 의미를, 내 아버지와 같은 참전 용사인 아버지를 보낸 분을 위해서는 '무궁화 나라꽃 임'이라는 의미를 담았어요. 그리고 여고

동창생이 떠났을 때는 꽃의 얼굴이 일제히 하늘을 향한 '백일홍 벗들'이라는 뜻을 담아 보내는 친구들의 마음을 대신했고요.

어쩌면 그런 빛깔의 글이야말로 내가 써낸 모자란 글 중에 가장 가치를 지니는 것일지 모른다는 생각은 늘 가지고 있었어요. 항상 예상치 못한 상황들이어서 밤을 꼬박 새워가며 촉박한 시간 안에 써서 읽고 나면, 온몸에서 힘이 빠져나가 휘청거릴 정도가 되고는 했지만요. 이번에는 다른 때보다 그게 훨씬 심했어요.

봉헌회 지도 신부님은 첫째 딸의 장례미사도 드렸는데, 둘째 딸의 미사까지 드리게 되었다면서 슬픔을 누르는 목소리로 미사를 집전하셨어요. 추모하는 글을 너무 슬프게는 쓰지 말라고 미리 부탁도 하셨고요. 애써 막고 있는 마음의 둑이 무너져 울음으로 쏟아질까 우려를 하신 것이겠지요.

"루치아님. 나는 지금껏 당신을 알지 못 했고, 본 적 또한 없어요. 오늘 사진 속 얼굴로 슬픈 인사를 나누는 게 처음이군요. 이틀 전 새벽 바람결에 당신이 이제 막 태어나 엄마와 눈을 맞추기도 전인 아기를 둔 채 생명의 손을 놓았다는 소식을 전해 듣고는 낮은 탄식밖에 나오지 않았어요.

애초에 심장을 뛰게 한 게 위의 그분이시니 멈추게 하는 것 또한 그분의 뜻이라는 걸 머리로는 알면서도, '어찌 이러실 수가 있나요.' 하는 눈물이 먼저인 건 우리가 결코 넘어설 수 없는 한계이겠지요. 한데 묻고 싶은 게 하나 있어요.

당신은 혹시 서른한 살의 날들 속에서 '눈의 방울'이란 이름을 지닌 스노우 드롭, 그 하얀 꽃을 너무 사랑하지는 않았는지요. 눈밭에서 끝내 고개를 들지 않고 피어나는 겸손하고 청초한 자태의 꽃을 말이에요. 그런 그 꽃을 귀하게 여겨 '성모님의 촛불'이라 부르기도 한다니, 다가오는 성모 승천 대축일 천상의 축제에 그 꽃을 닮은 맑디맑은 당신 영혼의 촛불이 반드시 켜져야만 하는 이유라도 있었던 걸까요.

더구나 갈란투스라는 그 꽃의 학명에는 '젖처럼 흰

꽃'이라는 의미 또한 담겨 있어, 더는 품에 안아 아기에게 젖을 물릴 수 없는 당신을 떠올릴 수밖에 없도록 만드는군요. 하지만 날리던 눈발이 천사의 손끝에서 그 꽃으로 피어났다는 전설처럼, 당신 또한 천상의 젖으로 남겨둔 아기를 키워 주리라는 소망을 품어 볼 수는 없을는지요.

자라난 그 아기 안에서 이렇게 떠나야만 했던 당신을 확인할 수 있는 날이 반드시 올 거라는 믿음을 안고서요. 그러니 해마다 눈의 계절이 오면 스노우 드롭 그 하얀 꽃으로 피어 우리 곁에 꼬옥 오세요. 눈밭에서 잊지 않고 매양 기다리겠노라 약속할게요."

나는 뜰이 없는 집에 살아 그 꽃을 직접 키울 수가 없지만, 아픈 아버지와 어머니는 어느 날 그 꽃을 구해다 심고 눈밭에서 피어나는 걸 보며 딸을 기억하시지는 않을까요. 그리하신다면 글에 담긴 스노우 드롭은 슬픈 그리움의 값이나마 할 수 있게 되는 셈이겠지요.

아, 그리고 얼마 전에 수도원 뜰에서 그분들을 만나

다행스러운 소식을 들었어요. 딸이 남기고 간 아기는 아기의 큰아버지와 어머니가 우선 맡아 키우고 있는데 건강하게 자라고 있다고요. 그러면서 다시금 딸을 위해 써준 글이 고마웠다고 눈물을 보이시는데, 부족한 내가 할 수 있는 유일한 위안을 드린 거구나 싶더군요.

꽃값 스물다섯

 그날 아들과 나는 경주에서의 새로운 기억을 만들기 위한 발걸음을 옮기고 싶었던 걸까요. 이삼 년째 참가하는 세계한글작가대회의 마지막 날 저녁이면 근처에 머물고 있는 아들이 숙소로 찾아오곤 했어요. 일정이 다 끝난 후 차를 타고 나가 보문 호숫가를 한 바퀴 돌고 조명이 들어온 보문단지에서 첨성대 꽃탑과 커다란 물레방아를 바라보며 커피를 마시는 게 우리의 반복된 시간이었지요.

 한데 이번엔 아들이 대회를 마치는 날 아침에 오겠다고 하더군요. 오전에 여러 유적지를 돌아보고 오후에 기차를 타는 일행과 떨어져, 자기와 함께 다른 곳을 둘러보고 집으로 올라가자는 거였어요. 그때 문득 생각했어요. 이 친구가 아버지와의 기억이 가득한 이곳에서 이제는 다른 기억을 가지고 싶어 하는 건 아닐까 하고 말이에요.

경주는 남편이 가족과 떨어져 몇 년간 머물며 보문단지 내 골프장과 입구 조경을 한 곳이었으니까요. 초등학교 입학 전인 아들을 데리고 와서 머물며 안압지와 첨성대와 석굴암에 들르는 건 물론이고, 남편이 조성한 첨성대 모양의 꽃탑과 우리나라에서 가장 큰 물레방아가 만들어지는 걸 지켜보기도 했었어요. 남편이 십여 년 전에 병으로 세상을 뜬 뒤 그곳은 발을 들여놓으면서부터 눈물 핑 도는 장소가 되고 말았지요.

하루 일정을 따로 하자고 한 아들과 먼저 들른 곳은 나원리 오층석탑이었어요. 이끼가 안 끼는 백탑이라는데 탑만 남아 있더군요. 그리고 좀 떨어진 곳에 있는 황복사지 오층석탑 또한 탑만 서 있는 모양새였고요. 다시 차를 몰아 찾아간 토함산 자락의 장항리사지는 느낌이 달랐어요. 그곳에 있던 절 이름을 알 수가 없어 마을 이름을 따서 장항리사지라고 했다는데, 우람한 돌탑 두 개가 맞아 주었어요.

 동탑과 서탑의 탑신에는 세밀하게 조각된 인왕상이 있었어요. 한쪽은 깨져나가 그 형체를 알아볼 수 없고 서탑과 달리 동탑은 위쪽이 완전한 모양새를 갖추고 있지 않아 안타까움을 더했지만요. 한데 눈길을 끈 건 금당터 위의 대좌였어요. 상부는 연꽃 모양의 대좌로 원형을 이루고 있는데 하부는 신장과 신수를 조각한 팔각형 모양이었어요.

 그 신수 조각의 주인공은 사자였는데 한 발은 바닥에 붙이고 한 발은 약간 들고 앉은 자세였어요. 거기다 한 팔은 주먹을 불끈 쥔 채 갈기가 있는 볼에 대고 또 한 팔은 역시 주먹을 쥔 채 완전히 펴서 휘두르는 모습이었지요. 혀를 내민 입은 누군가를 향해 소리치는 듯했고요. 그 대좌 위의 불상은 국립경주박물관의 야외에 있다는데, 돌아와서 받침으로서의 역할을 다하게 해달라는 전언을 하고 있는 건 아닐까 하는 생각이 들었어요.

그러다가 문득 떠오른 것이 지구가 위험에 처했을 때 나타나 악당과 싸워주던 만화 속 주인공 아톰이었지요. 사자상의 불끈 쥔 주먹이 아톰의 주먹과 똑같이 '힘내.'라는 격려의 몸짓으로 강하게 다가왔어요. 그래서였을까요. 서글프기만 했던 그리움의 기억 위에 새로운 기억의 걸음을 만들 때가 되지 않았나 하는 생각이 들기 시작하더군요.

이어서 찾아간 기림사에는 독특한 전각이 여럿 있었어요. 남방의 일본을 진압한다는 뜻을 지닌 승군의 지휘소로 쓰였다는 진남루와 비로자나불을 모신 대적광전은 물론이고, 초의선사가 옥돌로 천 개의 불상을 조성해 모셨다는 삼천불전 안에는 과거의 천불과 현재의 천불과 미래의 천불이 모셔져 있다는 설명이었지요.

하지만 무엇보다 마음을 끈 건 꽃과 나무와 풀과 우물이 조화를 이루고 있는 정원이었어요. 그중에서도 절마당을 흐르는 냇가에 핀 용담의 청보랏빛이 유난히 선명한 인상을 남겼어요. 돌아와 눈을 감아도 그대로 남아 지워지지 않을 정도로 말이에요. 뭔가 강한 힘을 전해 받는 느낌이었다면 지나친 표현일지요.

기림사에서 기림폭포로 가는 길은 꽤 길었어요. 그 길은 신문왕이 아버지인 문무왕을 감포 바닷가에 모시기 위해 장례 행렬을 이끌고 지나갔던 길이기도 하다니, 신라인들이 남긴 기억 위에 또 다른 무수한 기억들이 쌓이고 그 위를 아들과 나의 나란히 걷는 발걸음이 또 하나의 기억을 만들어 내고 있는 건지도 모른다는 생각이 드는 거였어요.

숲을 지나는 바람 소리를 폭포 소리인가 하며 한참을 걸어서 만난 기림폭포는 옆으로 펼쳐진 바위들로 하여, 그 뒤로는 마치 다른 세상이 펼쳐질 것 같은 착각을 불러일으키더군요. 인적이 없어 더욱 그랬겠지만 머나먼 과거의 기억 속으로 들어가는 문으로 보일 정도였지요. 어쩌면 남편이 머물고 있을 곳으로 향하는 문처럼 여겨지기도 했고요.

돌아 나오는 동안 길은 점점 어둑해졌고 그래서 잰걸음이 되었지만, 그게 경주에서의 새 기억을 만들어낸

걸음이라는 건 분명히 알 수 있었어요. 남편과 아들과 함께 가졌던 기억 위에 남은 나와 아들의 기억이 다시 만들어졌고, 그 속에 아톰 사자상의 힘 있는 주먹과 선명한 용담꽃의 값이 실렸으니 이젠 서글픈 빛깔을 접어도 좋은 저녁이 아니었을까요.

꽃값 스물여섯

  돌아가신 지 삼십 년이 넘는 나의 어머니는 육십 중반의 맏딸과 육십을 바라보는 막내딸이 독일의 수도원을 돌아보는 순례길에 오르리라는 걸 언제부터 아셨던 걸까요. 그 순례의 비용이 어머니가 남기신 돈에서 마련된 것이었으니 말이에요.

  혈압이 높았던 어머니는 당신이 갑자기 쓰러질 것을 대비해 옷의 주머니와 가방에 집 연락처가 담긴 쪽지를 반드시 넣고 다니셨어요. 결국은 어느 해 십일월 김장을 하다말고 쓰러져 식물인간 상태로 몇 달을 지냈다 말 한마디 남기지 못하고 눈을 감으셨지요.

장례를 치르고 나서 유품을 정리하다가 발견한 새 버선 안에는 이천만 원의 돈이 들어 있었고요. 십 원짜리까지 가계부를 쓰며 절약하던 어머니의 평소 생활로 보면 큰돈이었어요. "고향에서 선생을 했던 처녀 시절부터 모아온 돈이니, 유고 시 나의 사랑하는 아이들에게 전해주세요."라는 말대로 아버지께서는 다 정리가 된 뒤 세 몫으로 나누어 주셨지요.

울먹이며 받아든 그 돈을 남동생과 여동생은 어떻게 썼는지 모르지만, 나는 그 돈이 어머니의 목숨값으로 여겨져 차마 쓰지 못하고 따로 통장을 만들어 간직하고 있었어요. 꼭 필요한 일이 생기면 써야겠다고 여기면서요.

왜관 베네딕도회 수도원 서울 분원에서 유럽 수도원 순례 계획이 나온 건 지난해였어요. 나는 몇 년 전에 한 번 참가한 적이 있던 터라 그러지 못한 여동생이 마음에 걸리더군요. 나와 같이 그 수도원에 속한 봉헌회 회원이기도 해서 같이 가면 좋을 듯했어요.

거기엔 그때는 꽤 비싼 편이었던 혈압약을 먹는 것

조차 주저하며 아끼셨던 어머니에 대한 미안함이 먼저 깔려 있었어요. 세 모녀가 온천 여행이라도 다녀온 기억이 있다면 덜 했을지 모른다는 생각에 주저없이 동생과의 동행을 결정했지요.

여동생과의 순례는 떠나기 전에 준비를 하는 시간이 훨씬 재밌었어요. 무엇을 입을까 무엇을 신을까 하며 하루에도 몇 번씩 통화를 하다가는 웃기 일쑤였으니까요. 코로나로 인해 항공료가 오른 탓에 직항하는 비행기를 타지 못하고 두바이를 경유해 뮌헨에 닿았어요.

거기서 또 버스로 한참을 달려 도착한 첫 순례지가 성 베네딕도회 오틸리엔 연합회의 삼대 수도원으로 꼽힌다는 슈바이클 베르크 수도원이었어요. 꽃봉오리 모양을 한 두 개의 종탑에서 십오 분마다 종소리가 울려 퍼지는 수도원에 닿자마자 손님 숙소에 짐을 옮기고, 바로 검은 봉헌복으로 갈아입고 저녁 기도에 들어갔어요.

소성당임에도 불구하고 파이프 오르간이 있고, 성화가 그려진 푸른 타일로 장식된 벽면 앞에 제대가 있었어요. 커다란 포도송이 모양을 한 청동 조각이 그 제대를 받치고 있었고요. 손님의 집에서 성당에 이르는 복도 곳곳에도 은색을 한 화분이며 조각품들이 놓여 있어 품격 있다는 느낌을 가지게 하더니, 역시 마찬가지였어요.

제대 양쪽에 있는 성가대석 뒤쪽에 앉아 있노라니, 이어서 열 분 정도 되는 수사님들이 들어와 각각 정해진 앞쪽 자리에 앉으시더군요. 그리고서 시작된 한 시간가량의 기도는 예상보다 길었어요. 왜관 수도원의 기도도 길어서 눈을 감았다 떴다 하기 일쑤였는데, 더구나 알아듣지도 못하는 독일어로 이어지는 기도이니 오죽했겠어요.

꾸벅거리는 건 예의가 아니라는 생각에 입술을 깨물어도 보고 눈을 크게 떠보기도 하며 겨우 졸음을 이겨낼 수밖에요. 그러다 눈을 들어 보니 뾰족한 모양새를 지닌 천장의 유리를 통해 그 기도 소리가 하늘로 올라가, 위에 계신 그분께 닿는 게 아닐까 하는 감동이 밀려와 눈시울을 적시게 만드는 거였어요.

전에는 많은 수도사들이 머물며 농장과 양초공방과 학교를 운영하며 아프리카 등지에 선교 인력을 보내기도 했다는데, 지금은 모두 외부 사람들의 도움을 받으며 나이 든 그 수사님들 열 분만이 지키고 있다는 말. 그래서 시간 전례에 따라 드리는 그 기도를 최고의 봉헌으로 여긴다는 말을 들은 때문이기도 했을 거예요.

저녁 기도를 마친 뒤 바로 이어진 빵과 햄과 치즈와 커피가 전부인 식사를 마치고 돌아본 정원은 아름다웠어요. 한데, 분수가 있고 갖가지 장미가 피어있는 곳 한켠 구석에서 내가 무슨 꽃을 발견한 줄 아세요. 조금 철이 지났는데도 피어있는 주황색 금잔화 두 송이.

그 꽃의 얼굴에서 금세 떠오른 건 마당의 화분에 어머니가 봄이면 씨앗을 뿌려 꽃을 피우던 기억이었어요. 해를 너무나 좋아해서 밝은 날이면 환한 낯빛이다가도 흐리기만 하면 풀이 죽어 구름의 미움을 받았다는 전설을 지닌 꽃. 어머니가 우리의 어린 시절에 그 꽃을 심어 키우던 까닭은 딸들의 환한 앞날을 간절히 바라는 마음 때문은 아니었을까요.

내내 밝기만 한 삶을 잇지는 못한 두 딸이 어머니가 남기신 돈으로 아주 늦게나마 함께 순례길에 오른 것만으로도 그 바람을 작게나마 이루어드린 거라고 고집한다면, 조금 눈물 나는 사연이 깃든 그 금잔화의 꽃값이 되지는 않을는지요.

꽃값 스물일곱

 벌써 삼십여 년 전, 바닷속에서 내가 만났던 연산호는 그때처럼 화려하게 꽃을 피우고들 있을까요. 뭍이 아닌 물에도 꽃이 피어있다는 걸 알게 해준, 지금은 꿈속에서 본 것처럼 여겨지기도 하는 그 다양한 빛깔의 맨드라미 산호들은 말이에요.

 '바다의 꽃'이라고 일컬어지는 그들을 처음 대한 건 가족과 함께 한 제주도 여행에서 '노란 잠수함'을 탔던 때였어요. 처음엔 마다하던 시어머님도 막상 잠수함이 문섬 앞바다로 들어가자, 동그란 창문을 통해 보이는 풍경에 감탄사를 연발하셨지요. 남편과 꼬마였던 아들은 말할 것도 없고, 나는 언덕에서 자라는 해초며 그 사이를 오가는 색색가지 물고기에 빠져 감탄사조차 잊을 지경이었고요.

'물꽃'이라 불린다는 말을 듣고서 본, 붉은 꽃가지가 포기를 이룬 듯이 보이는 맨드라미 산호는 꽃을 연상시키고 남았으니까요. 그러다가 한 잠수부가 진자줏빛 성게와 불가사리 등을 잡아서 보여주는 걸 대하노라니, 나도 한 번 저리 해볼 수 있다면 얼마나 좋을까 싶었어요. 어려서부터 품어온 물속 세계에 대한 동경에 불이 붙은 셈이었지요.

여행에서 돌아와 어렵게 허락을 얻어 시작한 스쿠버다이빙 강습을 마치고 난 이듬해 여름, 제주도 문섬에 갈 수 있는 기회가 찾아왔어요. 그 섬 앞에 있는 엄지바위에 내려서 준비를 하고 뛰어드니, 잠수함을 타고 보았던 붉은 물꽃들이 눈에 들어오기 시작했어요.

그곳을 일컬어 바닷속 꽃동산이라고 한다더니만, 붉은색에 연분홍색과 노란색까지 더해 갖가지 꽃들이 피어난 뭍의 꽃밭과 다름없었어요. 다만 물의 흐름에 따라 아주 유연하게 한들거리는 모양새가 바람 속에 있는 꽃들보다 훨씬 부드러운 느낌을 주었지요.

그 물꽃은 원래 화충류인 산호의 일종으로, 물렁물렁한 몸체에 꽃같이 펼쳐지는 여덟 개의 촉수인 폴립이 서로 붙어 자라는 연산호에 속했어요. 연산호 중에서도 다양한 색깔이며 꽃가지를 이룬 모양이 유난히 아름다워 보는 이들의 감탄을 자아냈고요. 물 밖으로 가지고 나오면 이내 쭈글쭈글해지고 말기 때문에, 바닷속에서가 아니면 그 화려한 자태를 결코 마주할 수 없다는 것 또한 그들만이 지닌 신비로움이었지요.

수심이 깊어 공기 잔압계의 눈금이 뚝뚝 떨어지는 탓에, 온종일이라도 머물며 바라보고 싶은 그 물꽃들을 뒤로 하고 나올 때는 아쉬워서 눈물이 날 지경이었어요. 그건 어쩌면 바다는 지구의 일부분이 아니라 지구라는 별에 속한 또 다른 행성이 아닐까 하는 인식과 함께, 물꽃을 볼 수 있는 기회가 허락된 내 삶에 대한 기쁨의 눈물인지도 알 수 없었어요.

그러고 나서 그해 겨울, 바닷속에도 노란 산수유꽃이

피어있고 그 향기 또한 맡을 수 있다는 착각을 안겨준 다이빙 여행에 참가하게 됐지요. 필리핀에 있는 아닐라오 해변에 도착해서 보트를 타고 저만치에 떠 있는 큰 배로 향했어요. 그 배를 타고 나흘간 머물면서 다이빙을 하는 일정이었는데, 우리가 자는 동안 예정된 포인트로 이동을 해있고는 했어요.

그 물꽃을 만난 건 민도르 섬 앞에 있는 '산 아가피토'라는 포인트에서였어요. 비탈진 언덕을 따라 움직이노라니, 노란 폴립을 한껏 펼치고 있는 한 포기의 연산호가 눈에 들어왔지요. 바위 틈새에 뿌리를 내린 가운데 줄기에선 갈색의 잔가지들이 뻗어 나와 있고 그 가지에 촘촘히 붙은 노란 꽃망울은 영락없는 이른 봄날 산수유꽃이었어요. 놀라운 건 그와 동시에 진한 향기가 물안경 속에 갇힌 코로 스며드는 듯했다는 것이지요.

그렇게 매료되었던 다이빙 여행도 삼 년 남짓, 접고 난 이후의 아쉬움은 그대로 깊은 그리움으로 남아 화면에서 바닷속 풍경을 마주할 때면 아예 그 속으로 빨려 들어가는 느낌을 가지곤 했어요. 한데 요즘 들어 자주 들려오는 건 싱싱한 춤을 추어야할 그 연산호들이 기후 변화와 바다의 사막화로 인해 폐사하고 있다는 소식이에요.

크고 작은 해양생물들에게 보금자리가 되어 주는 연산호는 제주도 해양 생태계의 중심을 이루는 존재 중 하나로, 최하위 계층인 식물성 플랑크톤을 포함해 바닷속 먹이 사슬의 핵심적 역할을 담당한다고 들었어요. 그런 연산호의 군락지로 뛰어난 제주도 남부 연안이 관광 잠수함의 운행과 무분별한 개발로 인해 망가지고 있다는 소식도 있었고요.

그걸 접하고 나니, 내가 바닷속에서 만나 연산호들의 값은 그저 물꽃으로만 여겼던 아름다움에 있었던 게 아니라는 생각이 뒤늦게 들더군요. 연산호는 제주도 전체 해양 생태계 보전의 깃대종이라는 한 해양학자의 말속에 진짜 그 물꽃의 값이 있었던 거지요.

기후 변화와 연안의 오염과 산성화에 의한 갯녹음 현상이 산호 폐사의 이유가 된다고 하니, 제주도와 필리핀 바다에서 만났던 그들이 무사히 자라게 하기 위해,

그 아름다움에 매료되었던 나는 뭍에서 무얼 할 수 있을까요. 전문가들이 내세우는 방안들 속에서 작은 실천이라도 할 수 있는 게 무엇인지 찾아야겠다는 자각이 강하게 드는 늦은 오후군요. 의례적으로 하던 쓰레기 분리수거가 갑자기 두려워질 정도로 말이에요.

꽃값 스물여덟

 나무에서 피는 수국의 늘 하얀 꽃 빛깔이 유난히 눈에 들어온 여름이었어요. 집 근처의 생태공원에서 처음 마주치고는 구월이 올 때까지 줄곧 마음에 품고 지냈지요. 흙의 성질에 따라 해마다 꽃 빛깔이 파랑에서 분홍으로, 때로는 자주와 보라로 바뀌어 피는 키 작은 수국을 여태껏 그리도 좋아해 왔는데, 그게 차츰 바뀌어 버린 거예요.

 때때로 변하는 수국의 여러 빛깔이 진득하지 못한 나의 마음 빛깔로 여겨진 건 봉헌회의 수필반 때문이었어요. 수도원 밖에 살면서도 베네딕도 성인의 가르침을 따라 살고자 하는 사람들, 그들을 왜관 수도원에서는 봉헌자라 부르고 그들의 공동체를 봉헌회라 하는데 그 안에서 생긴 동아리반 중 하나였어요.

학교 나갈 때 문예반 지도를 하기는 했지만, 글쓰기는 누군가에게 가르칠 수 있는 영역이 아니라고 생각해온 탓에 처음엔 동참하지 않았어요. 봉헌회에 입회하기 전부터 뵈어온 신부님의 부드러우나 강한 권유로, 종신 봉헌을 하기 직전에 다녀온 열흘 순례의 일정을 담은 『수비아코 장미』를 쓰기는 했지만요.

한데 마음의 움직임이란 전혀 예상치 않은 데서 오는 것이더군요. 나보다 한 기수가 아래인 이들의 종신 봉헌을 앞두고 신부님이 위의 그분께 드리는 손편지를 써오라는 숙제를 내주셨대요. 여러 명이 써낸 그 손편지를 한 부분씩 이어서 강론 때 읽어주는 걸 듣다가, 저들 중에 원하는 이가 있으면 수필 쓰기를 도와줘도 좋겠다는 생각이 스쳤어요.

급한 성격에 이내 허락을 받아서는, 한 달에 한 번 미사가 끝난 후 수도원 지하에 있는 방에서 모임을 가지기 시작했어요. 그러다 점점 열기가 더해져 한 달에 두 번이 되었고, 약속된 두 시간을 훌쩍 넘기는 날이 점점 많아졌어요. 일곱 명이 한 작품씩 써온 걸 돌아가면서 읽고 느낌을 말한 후에, 내가 평과 함께 고쳐야 할 부분을 지적해주고는 했어요.

그때마다 몇십 년 전 스승님께 받은 수필에 대한 가르침이 어찌 그리도 정확하게 되살아나는지 놀라울 정도였어요. 강의 자료 하나 없이 어떻게 그렇게 잘 이끌어 가세요 하는 말에, 나도 모르겠다고 답할 만큼 말이에요. 많은 글을 써보지 않은 이들에게 수필은 그냥 글쓰기와는 다르다는 걸 인식시키는 것부터 사실 쉬운 일은 아니었어요.

수필에도 구성이 있어야 하고 산문에도 숨어 있는 리듬이 있고, 특히 첫 문장에 멋을 부리려고 하지 말라는 것 등에 대해 말하면서도 한 가지 생각에서 자유로울 수는 없었고요. 나도 아직 완전히 터득하지 못한 것을 이들에게 강요하고 있는 걸 아닐까. 그러면서도 이 년 가까이 한 작품을 서너 번씩 고치게 하며 이끌다 보니 책으로 묶을 만큼이 되더군요.

내 글과 수도자로서 어머니를 그리는 에프렘 수사님의 글이 더해졌고, 오틸리엔 수도원으로부터 겸재 정선의 화첩을 반환해서 문화훈장을 받은 라파엘 신부님의 「마음이 마음에게」라는 격려 글에는 우리의 이야기가 오롯이 담겨 있었어요. 수려한 표현의 수필 정의이기도 해서 감탄을 불러오고 남았지요.

"문학의 갈래 중에 수필은 마음을 고스란히 노출하는 장르라고 합니다. 수필은 은은한 감동과 울림을 경험의 샘에서 길어 나르는 묘미가 있으면서도 지친 길손의 마음을 반영합니다. 수필은 수행자의 마음을 닮은 성찰과 관조의 문학입니다. 수필은 정제된 지혜와 한없는 자유를 품위와 절제로 인격화하는 글쓰기입니다. 아름다움이 인간을 구원하듯 수필도 사람을 살리는 심미적인 몸짓입니다. 강둑에 서서 매사 순명하고 만사 순리에 맡기듯 유유히 흐르는 강물을 바라보며 마음이 마음에게 던지는 무한의 메시지가 수필이 아닐까 합니다.

여기 '수수회'가 있습니다. 수수한 마음을 가진 이들의 수필 동아리입니다. 수수회의 본 이름은 '수비아코 수필회'입니다. 수비아코는 서방 수도 생활의 아버지라고 불리는 베네딕도 성인이 세상을 피해 삼 년 동안 수행한 첫 은수처입니다. 수수회원들은 자신이 쓴 습작을 독회하며 살짝 열린 마음의 문을 활짝 열었습니다. 코로나로 온 세상이 지쳐가던 지난 이 년 동안 그 개방과 나눔의 시간이 켜켜이 쌓여 이제 결실을 맺습니다. 각자 세 편의 '테마 수필'을 실었습니다. 수수회의 첫 수필집 『손편지』는 이렇게 세상에 나오게 되었습니다."

"늦게까지 공부하느라 애쓰네." 하는 말로 늘 들여다봐 주신 사진가 알렉산델 수사님과 북나비 출판사 선생님의 배려 덕분에, 첫 결실이 성탄 봉헌이 될 수 있어 더욱 의미가 컸어요. 그 후 쓰기를 계속한 세 명은 『한국수필』로 등단을 하기까지 했으니, 그만하면 성과가 작지는 않았다 해도 될 거예요. 한데 그러기까지 흔들린 건 그 누구도 아닌 바로 나였어요.

　나도 부족하면서 누굴 지도하나 하는 회의가 올 때마다, 꽃 빛깔을 달리하는 수국이 되곤 했으니 배우는 그들은 얼마나 힘들었을까요. 항상 하얀 빛깔로 피는 목수국의 꽃에 눈길이 머문 건 그 뒤늦은 반성 때문은 아닐는지요. 내가 빛깔 변하는 수국일 때 한 가지 빛깔로 수필반을 지켜준 건 어쩌면 그들일 테니, 그 수국의 꽃값은 거기 있다 해야겠지요.

꽃값 스물아홉

 오늘은 아파트 단지의 상가 한 켠에 새로 생긴 무인 카페에 들러봤어요. 전에는 무슨 공간으로 사용되었는지 전혀 알 수 없을 정도로 깔끔하게 단장이 되어있더군요. 들어가기는 했는데 말 그대로 주문을 받는 사람은 아예 없고 기계만 설치되어 있어 당황스러웠어요.

 그냥 나오려는데, 먼저 들어와 기계 앞에서 주문을 하고 있던 젊은 친구가 곁눈질을 하더니 도와 드릴까요 하는 거였어요. 내 흰머리를 보고서 저분은 혼자서는 도저히 안 되겠네 한 모양이었겠지요. 친절한 손길 덕분에 제법 야무진 종이컵에 담긴 커피를 들고 둥근 나무 탁자 앞에 앉을 수 있었어요.

먼저 간다는 인사를 남기고 그 친구가 자기 커피를 들고 나가자 그제야 그 공간을 둘러볼 여유가 생기더군요. 벽 한쪽에 메뉴가 쓰인 화면과 계산을 할 수 있는 화면이 있는 기계와 얼음이 나오는 기계와 종이컵이 나오는 기계가 나란히 있었어요.

밝은 회색으로 칠해진 벽과 지켜보는 카메라가 두 대나 달린 천장, 그리고 한쪽 벽면을 거의 다 차지한 커다란 창문과 갈색 탁자 세 개와 열 개의 의자들. 눈길을 끄는 건 벽과 벽이 만나는 모서리 위쪽 대에 놓인 분홍 튤립 다섯 송이가 꽂혀있는 유리 꽃병이었지요.

그 꽃을 대하는 순간 사람의 소리가 전혀 없어 좀 삭막하게 여겨지는 그곳에 온기가 돈다는 느낌이 들더군요. 위에 켜진 동그란 전등의 빛을 받고 있는 그 꽃은 물론 만든 거였지만 생화 이상의 싱싱한 기쁨을 안겨 주고 남았으니까요.

그리고 이어서 그처럼 만들어진 튤립으로 내가 지닌

성의를 표할 수 있었던 기억 하나가 떠올랐지요. 벌써 이 년이 다 되어가는 초여름 늦은 오후였어요. 인천공항에서 입국하는 이들을 기다리는 내 손에는 하나씩 포장된 여섯 송이의 만든 튤립이 들려 있었어요.

프랑크푸르트에서 도착하는 비행기를 탄 사람들을 마중하기 위해 일찌감치 가서 기다리고 있는데, 초등학생들이 무슨 경시대회에서 좋은 성적을 거두었는지 젊은 엄마들이 여럿 나와 현수막과 꽃다발을 들고 웅성거렸어요.

기다리던 비행기의 착륙을 알리는 표시가 뜨자 왜 그리 가슴이 뛰었는지 모르겠어요. 코로나가 주춤하기는 했지만 아직 백신을 맞았다는 국제 증명서가 있어야만 출국이 가능했고, 감염되지 않았다는 현지의 검사 확인서가 있어야만 입국이 가능할 때라 일행이 나오는 데는 꽤 긴 시간이 걸렸어요.

드디어 어린 학생들이 우르르 나오며 기다리던 엄마들의 반가운 박수와 얼싸안는 축하를 받았어요. 그 뒤를 이어 내가 기다리던 두 분이 뒤따라 나오기에 얼른 뛰어가 튤립을 한 송이씩 드렸지요. "어머, 저 분들도 무슨 좋은 일 있으신가 봐." 뒤에 있던 한 엄마의 말이 꽃을 받아드는 그분들의 손을 더욱 기쁘게 만들어드렸던 걸까요.

노부부 중 아내 분이 고마워서 어찌하느냐고 눈물까지 글썽이는 게 아니겠어요. 또 다른 노부부가 나오고 남자 한 분과 여자 한 분이 나오는 것으로 분주한 튤립 전달은 끝이 났어요. 이렇게 꽃까지 들고 잊지 않고 마중을 나와 주니 얼마나 고맙고 위안이 되는지 모르겠다는 인사말에 잘 한 일이구나 싶어 뿌듯했고요.

재미난 건 그분들이 모두 그 튤립이 생화인 줄 알고 싱싱하게 오래 보려는 마음에 얼음물 화병에 꽂아놓기까지 하며 정성 어린 눈빛으로 대했다는 사실이에요. "내일이면 봉오리가 벌어지며 피겠지 하다가 며칠 지난 아침에야 만든 꽃이라는 걸 알았다니까요."

튤립이 피는 계절은 한참 지났고 기온이 높아지고 있는 때라 장미도 쉽게 고개를 숙일 듯해서, 생화라고 해도 믿을 만큼 정교하게 만들어진 튤립을 한 송이씩

한지로 포장해서 리본까지 묶은 거였는데. 그런 뜻밖의 즐거움을 안겨줄 줄은 미처 몰랐어요. 그 과정을 웃음으로 전하다 보니 만들어진 꽃의 가치를 다시금 생각하게 되더군요.

그동안 스스로 피어나는 꽃들에게서만 아름다움의 의미를 찾고 있었던 탓에 사람 손에 의해 만들어진 꽃에 대해서는 너무 의미 부여를 하지 않았던 건 아닐까 하고 말이에요. 그건 그 튤립을 받은 분들에게서 돌려받은 마음이 훨씬 더 컸기 때문이기도 했을 거예요.

"독일 수도원 순례를 마치고 돌아오기 전 코로나 검사에서 여섯 명이 걸리는 바람에, 마지막으로 묵었던 수도원의 배려로 열흘을 더 있다 돌아오게 되었을 때의 심정은 말로 다하기 어려워요. 물론 증상이 완화되면서는 일정에 묶이지 않은 자유로운 시간도 가질 수 있었지만요. 매일 안부 문자 보내주고 꽃으로 마중까지 나와 정말 고마웠어요."

"내가 걸려서 남을 수도 있는 일이었잖아요. 같이 떠났던 길이니, 남았던 분들이 돌아와야 귀로가 마무리

되는 것이고요." 그 후 받은 저녁 식사 초대와 케이크 선물에 손수 지은 연잎밥과 꽃은 오늘 무인 카페의 튤립에서 발견한 온기—사람의 마음이 담기면 만들어진 꽃도 생화 이상의 값을 지닐 수 있다는 걸 알게 해주기에 충분했지요.

꽃값 서른

 그날 낭독한 '백주년 기념 축하글' 안에 나의 십 년도 함께 담겨 있다는 걸 그들은 헤아릴 수 있었을까요. 그곳에 속한 사람도 아닌 내가 왜 꼭 그 글을 낭독하고자 했는지 말이에요. 경상북도에 세워진 첫 성당으로 지금은 본당 건물과 사제관이 유형문화재로 지정된 가실 성당에 처음 간 건 십 년 전 아들과 함께였어요.

 그 무렵 아들은 왜관 수도원 선물방에서 일하고 있었지요. 느닷없이 아버지를 잃은 슬픔과 삶의 행로에 대한 갈등을 안고 지인 수사님이 있는 수도원으로 내려가겠다고 했을 때 허락이 쉽지는 않았어요. 그해 겨울에 찾아가니 프랑스 성모 성지인 루르드를 닮은 동굴이 있고 키 큰 동백나무 한 그루는 붉은 꽃송이가 한창이었어요.

두 번째는 왜관 수도원에서 피정을 한 봉헌회원들과 함께였는데 설명을 듣게 됐어요. "이곳에 있는 성모님의 어머니인 안나 성녀님 상은 우리나라에서는 유일해요. 첨탑에도 안나의 상이 새겨진 종이 걸려 있어 아직도 그 소리를 들을 수 있고요. 예수님의 성체가 감실에 모셔져 있다는 걸 알려주는 성체등 또한 전기가 아니라 살아있는 불꽃이지요."

그걸 꺼뜨리지 않으려면 일주일에 세 번 파라핀유를 부어줘야 하는데 그 비용이 꽤 들어간다는 말에, 주저 없이 매달 얼마씩 아들의 이름으로 후원을 약속했어요. 낯선 곳에서의 삶을 이어가고 있는 아들에 대한 어미의 걱정을 그 성체등 불꽃에 담아 덜고 싶은 심정이었을 거예요. 그리고 세 번째는 아들이 다시 올라오기로 마음먹은 봄이었어요.

내려간 지 오 년이 되어갈 무렵, 가장을 잃고 우리가

새롭게 정착했던 곳으로 돌아와 직장을 가지기로 했어요. 그곳에서의 시간이 아주 소중한 기억으로 남을 거라는 말을 들으며 갔는데 사제관 앞의 화단에 노란 수선화가 만발해 있었어요. 봄을 한가득 품기에 모자람이 없는 수선화 무리에서 또 하나의 의미를 발견할 수 있었지요.

성당 안에 모셔진 안나 어머니의 손길 아래 아직은 앳된 모습으로 고개 숙인 성모님. 소녀의 미소를 띤 그 얼굴이 다름 아닌 수선화로 피어났다는 사실 말이에요. 아들의 시신을 끌어안아야 했던 성모님의 쓰라림은 아직 그 꽃에 담겨 있지 않아, 내 마음이 그랬듯이 마냥 행복감으로 물들어 있어도 좋은 모양새로 여겨졌어요.

그리고 다시 오 년, 아플 때면 그곳의 성체등 불꽃을 떠올렸어요. 잊었다가도 성탄 때면 주임신부님의 손편지 카드와 함께 오는 과자 선물을 통해 후원을 기억하곤 했지요. 감사 인사를 하다가 그동안 정기적인 후원자는 나밖에 없고, 그것으로 일 년 비용이 충분하다는 걸 알고 나니 내 간절함에서 시작한 일이 오히려 송구

스러워지더군요.

몇 달 동안 온 힘을 다해 쓴 축하글을 낭독하기 위해서는 전날 왜관 수도원으로 내려가야 했어요. 새로 지은 문화영성센터에서 자고, 수필반 사람들과 이른 아침 가실 성당으로 출발했어요. 도착해보니 역사전시실 축복식을 위해 이미 대구 대교구장님과 왜관 수도원 아빠스를 비롯해 신부님, 수사님, 수녀님 그리고 신자들이 벌써 마당에 한가득. 미사 후에 이어진 축하잔치에서 낭독하러 제단에 올라갔을 땐 내 심장 뛰는 소리가 귀에 들릴 정도였지요.

"예전엔 강변 가득한 갈대 숲, 지금은 아름다운 집의 이름 가실. 그 백 년의 시간을 보듬어 지켜온 그대들은 알고 있나요. 낙동강 나루터 동산에 루르드를 닮은 동굴이 있고, 한 그루 동백나무가 서 있어 핏방울 같은 꽃이 피어나는 까닭을. 상처 입은 전선의 병사들을 양쪽 모두 끌어안았건만, 한쪽은 안나 성녀님 가슴에 총알 박아 놓고서야 직성이 풀렸다지요. 피가 스며든 흙에서 핀 백 송이 동백꽃은 그래서 질 때도 선연함 그대로인 걸까요.

긴 시간 잠들어 있던 유물들이 그 자태를 눈부신 햇살 속에 드러내는 날. 그대들은 정녕 알고 있나요. 동백이 피었다 진 뜰에 봄의 전령 같은 노란 수선화가 왜 꼭 피어나야 하는지를. 안나 어머님의 손길 아래 당신의 숙명이 담긴 두루마리를 받아든 앳된 성모님. 수선화를 닮은 성모님의 그 얼굴 안에서 우리는 어느 누구에게도 상처입지 않은, 아니 아픔의 얼굴조차 모르는 고운 행복을 꿈꾸고 있는 건 아닐는지요.

밀물처럼 왔던 손님들이 떠나고 저녁 해가 기울면, 그대들은 또 잔잔히 이어지는 백 년 또 백 년의 시간을 지켜 가겠지요. 살아 움직이는 불꽃으로 성체를 밝히는 이곳에선 그래서 오늘도 내일도 안나의 종이 울리고, 퍼져나간 그 소리가 먼 곳까지 닿아 어느 날 우리를 또다시 불러 모으진 않으실까요. 아름다운 기도의 숲길, 가실로 말이에요."

다 읽고 나올 때 한참을 이어지는 박수 소리가 또박 또박 잘 읽어냈다는 걸 확인시켜 주었어요. 봄날 만났던 수선화가 일제히 꽃잎 안쪽의 부관으로 내는 나팔 소리처럼 들려왔던 그 환희가 지나자 안도감에 비로소 다리가 휘청거려지더군요. 한데 돌아와 지독한 몸살을 앓으며 다시 들어 본 동영상 속에서 어떤 깨달음을 얻었는지 짐작이나 하실까요. 수도원의 기록 사진만 오십 년 넘게 찍어 온 노 수사님이—처음 여는 사진전에서 축하의 글을 낭독해 드렸던—찍어주신 거였는데, 거기에 바로 답이 들어있었지요.

백 년을 기리는 축하글 안에 나의 십 년이 담겨 이루어진 그 낭독이야말로 그동안 내가 해 온 낭독의 정점이었다는 사실. 누군가를 위한 낭독이 앞으로 더 이어진다 해도 그날 이상의 빛을 지닐 수는 없으리라는 사실이 뿌듯함 속에 찾은 자숙을 위한 마침표라면, 그리고 그것이 가실 성당 수선화의 값이라면 이제는 미련 없이 접어야 할 시점에 이른 게 아닐까요.

읽는 이를 위하여

꽃과 삶, 그 치열한 만남

김종회

문학평론가 · 전 경희대 교수

이정원은 매우 독특한 사람이다. 이때 '독특한'이란 말은 일반적인 사람들과 다르게 유별나다는 뜻이 아니다. 그가 매우 견고한 몇 가지 유형의 자기 세계를 구축하고 있고, 세월의 경과와 더불어 그 성채가 스스로의 빛깔로 찬연하다는 의미다. 이와 같은 삶의 형용이 거저 주어졌을 리 없다. 패각 속의 진주가 고난과 인내의 시간을 거쳐 여물어지듯이, 그 삶의 성숙과 성취 또한 그러하다. 여울목의 차돌과도 같은 단단함, 이름 모를 풀꽃과도 같은 소박함, 곧게 열려있는 들길과도 같은 결곡함 등이 그의 이름과 함께 소환되는 이미지들이다. 적어도 내게 있어서는 그렇다. 그리고 이 감각은 반세기 전 대학 신입생 시절부터 내게 전해진 것이었다.

　나는 이정원을 그렇게 경희대 국어국문학과 동기생으로 만났다. 문예 장학생이어서 학년 번호가 1번이었던 학생, 1학년 때부터 〈대학주보〉에 「홍련암 일기」라는 작품을 연재하던 문필가, 한 점 흐트러짐 없이 학부를 마치고 캠퍼스 내 중학교로 자리를 옮긴 교사가 그였다. 서정범 교수의 인도를 따라 수필을 쓰기 시작한 지 반백 년에 이르지만, 그처럼 장구한 날에 변함없이 꽃을 핵심 주제요 중심 사상으로 붙들고 있다는 사실은 놀라운 일이 아닐 수 없다. 그가 조선 시대의 가객 김수장의 꽃 사설시조를 대면하고, 자신의 작업이 전혀 전례가 없는 뜻밖의 일이 아님을 확인한 것도 이를테면 하나의 운명이었을 터이다.

　이정원은 한때 『내가 바다에 뛰어드는 이유』라는 책을 낸 적이 있고, 이는 그야말로 그가 스킨 스쿠버에 뛰어든 이유와 전후 사정을 익히 보여주었다. 그로써 그가 만난 뭍꽃 너머의 물꽃이 또 하나의 세계를 이루고 있다. 이렇게 땅과 바다의 꽃을 탐색하고 숨은 사연과 진중한 의미망을 형상화하는 데 그의 수필이 보인 지향점이 있었다. 그런가 하면 그토록 아프고 슬픈 가족사, 일생을 관류하는 가톨릭 신앙 또한 그의 삶과 글을 이끌어온 대체 불가의 동인이었다. 일찍이 프랑스의 시인 A. 랭보가 "계절이여 마을이여 상처 없는 영혼이 어디 있는가"라고 노래했지만, 이정원처럼 많은 상흔을 견디며 수발한 글을 남긴 작가도 흔하지 않을 것이다.

2017년 PEN문학상 수상작이기도 한 이정원의 수필집 『꽃값』에는 모두 24편의 글이 실려있다. 주제론적 관점에서 살펴보자면, 이제껏 그의 작품이 그러했듯이 정신과 영혼의 울림을 지향하는 생각들, 인내와 기다림과 같이 인간의 위의를 반추하게 하는 행위들로 편만하다. 이 책의 표제를 '꽃값'이라 하고 각 편마다 이를 부제로 붙이고 있는 것은, 어쩌면 '꽃'으로부터 한 단계 더 나아간 가치 부여의 선언이 아닐까 싶다. 그러기에 그는 머리말에서 "꽃이 그 값을 다하기 위해 성의있게 피었다지듯이, 나도 목숨값은 하고 가야겠지요, 그게 지금껏 써온 글값이기도 할 테니까요."라고 비장하게 썼다.

그런 그가 이번에도 역시 30편의 글로, '꽃값 하나, 둘'이라는 부제를 붙인 『다시, 꽃값』을 엮었다. 그러므로 꽃값이 곧 목숨값이며 글값이라는 이 엄중한 언표는, 기실 그의 생애와 문학 모두에 던지는 운명론적 화두다. 그런데 이 무거운 언어가 실제로 작품을 읽어 나가다 보면 전혀 무겁지도 과장되지도 않았음을 확인할 수 있다. 그가 이를 기꺼이 감내하며 감당해 왔기 때문이다.

일찍 떠나보내고 지금까지도 애절한 남편, 언제나 가슴 아픈 어머니와 아버지 그리고 시어머니. 혼신의 힘으로 사랑하며 키운 귀한 아들 등의 가족사만 해도 그 운명의 그릇이 차고 넘친다. 아마도 이정원이 삶의 곡절과 풍파를 넘어서서 오늘과 같은 관조의 자리에 도달한 것은 꽃과 글의 힘이자 가족 사랑과 신앙의 힘 때문이었을 것이다. 그런 의미에서 이번 책 또한 작가의 진솔한 육성이면서 동시에 자신을 위한 위무의 기록이기도 하겠다.

사정이 이러하니 그를, 또는 그의 글을 독특하다고

말하지 않을 수 없다. 동시에 꽃을 주제로 하고 소재로 하면서, 인간사를 바라보는 정연한 논리와 오래도록 벼리고 다듬은 문장을 구현하고 있으니 그는 돌올한 수필가이기도 하다. 그토록 많은 꽃의 이름과 이야기를 펼쳐 보이고 있으나, 그의 글꽃들은 백화난만한 화원이기보다는 한 포기 한 송이씩 청초하고 정갈하게 다듬어진 꽃밭의 면모에 가깝다. '어느 꽃인들 이쁘지 않으랴'라는 그의 첫 수필집 제목이 암시하듯, 그는 꽃과 더불어 사람을 보고 세상을 사랑하며 지금 여기에 이르렀다. 바라기로는 앞으로도 그의 문필을 통해 우리가 더 소중한 꽃의 내면들을 목도할 수 있었으면 한다.

다시, 꽃값

2025년 11월 30일 초판 1쇄 발행

지은이 이정원 │ 펴낸이 김은영 │ 펴낸곳 북나비
출판신고 2007년 11월 29일 제380-2007-00056호
주소 04992 서울시 광진구 자양로9길 32 4층(자양동)
전화 (02)903-7404, 팩스 02-6280-7442
booknavi@hanmail.net
블로그 www.booknavi.co.kr

ⓒ 이정원 2025
ISBN 979-11-6011-170-5 03810

※ 이 책의 저작권은 저자에게 있으며 출판권은 북나비에 있습니다.
※ 이 책의 전부 또는 일부를 이용하시려면 저작권자와 북나비의 동의를 받아야 합니다.
※ 책값은 뒤표지에 있습니다. 잘못된 책은 바꾸어 드립니다.